日本人の英語
マーク・ピーターセン

知のトレッキング叢書
集英社インターナショナル

日本人の英語はなぜ間違うのか？

もくじ

まえがき 4

第1章
英語教科書が抱える問題 7
学生たちに謝りたい／間違いだらけの『かわいそうな ぞう』／
あり得ない英語が掲載されている教科書

第2章
時制が足りない日本人の英語 17
一部の時制しか教えられない中学英語／「現在進行形」を使うという罪深さ／
教科書にある"ヘンな英文"／気が変わってなければ「現在完了形」／
中学2年までは、「現在完了形」が禁止!?／あり得ない英語表現が教科書に登場／
「村上春樹の紹介文」に見る時制の問題／「鳥獣戯画」に興味を持ったのはいつか？／
東京競馬場が汚いと思ったのはいつか？／
「過去完了形」を「過去形」で代用できるか？／「過去完了形」は中学で教えるべき

第3章
冠詞theと数への無関心 37
必要のないtheの存在／「すべて」を表すtheが果たす役割／
教科書に見られる間違ったtheの用法／添削すると見える数々の問題点／
複数を単数にしてしまう教科書

第4章
基本動詞・助動詞を使いこなす 47
家族の数を英語で言うには？／seeとwatchの意味の違い／
getの用法に対する大きな誤解／be going toとwillを使い分ける／
must=have toではない!?／混乱する「義務」「命令」「必要性」

第5章
仮定法の基本を理解する 63
教科書にのしかかる制約／仮定法なしでは英語にはならない／
仮定法は英語の基本／仮定法禁止の中2教科書／
茅ヶ崎に住む理由は仮定法で／couldはcanの過去にあらず／
wouldn'tとwon'tの大きな違い／仮定法を使わない人生の選択／
相撲について説明をするか、しないか？／丁寧な感情を表す仮定法

第6章
人気者"so"の用法に関する誤解 89
日本人はsoが大好き／soを使うほどの因果関係があるのか？／
教科書に見られるsoの多用／soが含まれた多くの「残念な」英文／
なかなか直らないsoの多用／veryの代用ではないso

第7章
itとthatを使い分ける 109
itとthatの微妙な使い分け／「それ」と言えば、itしか使えない／
itでもthatでもなくthisの場合

第8章
単語の無意味な「繰り返し」を防ぐには？ 117
読み手をいらいらさせる「繰り返し」／名詞の繰り返しをいかに避けるか？／
「代名詞を使えない」現象／教科書に見られる"繰り返し問題"／
「Mr. Steven Jobs」がおかしいわけ／"要らない語"は省こう！

第9章
「論理の飛躍」が多すぎる 131
一読では理解不能な英文／論理が遠くまで飛んでいく!?／
例も理由も存在しない英文／感動できない英語の論理／
逆になってしまう"因果関係"／「全人類」に向けた英語？／
『かわいそうな ぞう』の非論理性／救いようのない英文／『かわいそうな ぞう』のウソ

第10章
自然な英語を書くために 149
「私たち」とは誰のこと？／「因果関係」がおかしい英文／
英語としてあり得ない奇妙な相づち／必要のないreallyと正しくないright／
someを削除して自然な英語に／Do you know ...?を多用する日本人／
日本語のレトリックを使えるか？

あとがき 172 ／引用文献 174

まえがき

　早いもので、私が現在勤めている大学の専任教員になって、28年が経ちました。時々「今の学生の英語力はどうですか？昔と違いますか？」というような質問を受けることがあります。そんなときに私はたいてい、「一概には言えませんが、二十数年前に比べたら、間違いなく、発音と聞き取りは幾分かよくなっています。その代わり、読解力がずいぶん落ちているという傾向があります。ただし、一般の大学生の1割くらいは、自分から進んで真面目に学習し、4年間で着実に上達します。その割合に昔と現在とで変わりはありません」というように答えます。

　本書では、日本の大学生が書いてしまいがちな英文と、日本の中学校で使われている英語の教科書に共通して見られる典型的な特徴と問題点を取り上げ、その修正方法について考えてみました。書き進めながら、指摘が少し厳しすぎるかな、と感じることもありましたが、「自然な英語を書くために、これくらいは覚えておいてほしい」というポイントを押さえたつもりです。

　ただ、教育現場の実態を考えると「この程度の問題があっても仕方がないだろう」と思われる部分もあります。まず、

学生のほうは、それまでの英語教育であまり鍛えられていないわけですから、大学に入ってからいきなり、伝えたい意味が正確に通じるような英文が書けるはずがありません。一方、教科書のほうですが、日本で"中学レベル"とされている水準に合わせて英語の教科書を作ることは、きわめて難しい作業です。限られた文法と語彙で自然な英文を作るには、相当の工夫が要るのです。現在の日本のように国民全員に1つの外国語を覚えさせようとすると、そのくらいの問題が生まれてくるのは当然といえば当然のことでしょう。もしアメリカの全国民に日本語を覚えさせようとすれば、これより大きな問題が生じるだろうということは容易に想像できます。

　本書で目指したのは、日本語とは異なる感覚と論理で組み立てられる英語への理解を深めてもらうことです。具体的には、日本語で考えた内容を英文で書き表そうとするときに、起こり得る問題や奇妙な表現を各章で取り上げました。これらを1つ1つ克服していけば、英語での「伝達力」は確実に向上するはずだと思います。

2014年 11月

マーク・ピーターセン

本書は、「知のトレッキング叢書」のための書き下ろしです。

キャラクター(トレッくま)イラスト：フジモトマサル
カバーイラスト：山本(shige)重也
装丁・デザイン：立花久人・福永圭子(デザイントリム)
著者写真：内藤サトル

第1章 英語教科書が抱える問題

2011年度、小学校で英語の授業が始まりました。
しかし、多くの日本人にとって
本格的な英語学習を始めるときに出合うのは、
依然として中学校の英語教科書でしょう。
もし、その英語教科書に使われている英語が、
不自然かつ誤ったものだったらどうでしょうか？
そんなはずはない、という話ではすまされません。

学生たちに謝りたい

　私は大学で受け持っている「英作文」の授業で、最近まで学生たちに申し訳ないことをしていました。

　毎回、提出される作文を読むと、みなそろって同じ"ヘンな特徴"を示し、通常の英語には見られないような書き方になっています。私は、各自の"個人指導"のときに、それぞれの文を直しながら、「こんな書き方をいったいどこで習ったんですか？」などと、説教めいたことを言ったりしていましたが、それが間違いでした。学生にとって、そのような対応はフェアなものではなかったのです。何が問題なのか、具体的に説明しましょう。

　まず、次に挙げるのは典型的な学生の英文です。

> Last year, I bought a bicycle. The bicycle was expensive. But I wanted the bicycle very much. If I work hard at my part time job, I will make a lot of money. So, I worked hard at my part-time job. By the way, I like the bicycles of Italy such as Billato and Bianchi. In the future, I want to try running around Tokyo by the bicycle of Italy.

おそらく、学生がこの文章で伝えたかったのは「去年、私は自転車を買った。高かったが、非常に欲しかったのだ。一生懸命バイトをすれば、たくさんのお金を稼げる（と思った）ので、そうした。ところで、私はビラートやビアンキのようなイタリアの自転車が好き。将来、イタリアの自転車で東京を走ってみたい」といったところでしょう。そこで、私は次のように最小限の添削をし

ました。

> Last year, I bought a bicycle. ~~The bicycle~~ **It** was expensive~~.~~ ~~But,~~ **but** I wanted ~~the bicycle~~ **it** very much. If I ~~work~~ **worked** hard at my part time job, I ~~will~~ **would** make a lot of money~~.~~ ~~So,~~ **so** I ~~worked hard at my part-time job~~ **did that**. By the way, I like ~~the bicycles of Italy~~ **Italian bicycles**, such as Billato and Bianchi. In the future, I want to try ~~running around Tokyo by the bicycle of Italy~~ **riding one around Tokyo**.

ここでの"ヘンな特徴"は、

　⑴ 代名詞を使わず、同じ名詞を繰り返して使う（bicycle, job）
　⑵ 過去の話なのに、突然「未来形」が登場する（will make）
　⑶ 不適切な動詞を使う（run）
　⑷ 定冠詞theを、それに続く名詞に与える意味まで考えないで使う（the bicycles of Italy）
　⑸ 日本語の助詞「の」を英語に置き換えるとき、条件反射的に前置詞「of」を使う（bicycles of Italy）
　⑹ 1文にまとめても大して長くならないのに、複数の短い文に切って書く（2文目と3文目）
　⑺ 「したがって」という意味で文頭に置く接続詞Soの後にコンマを打つ（So, I worked hard）
　⑻ 文中の「such as ...」の節の前に、コンマを打たない（the

---

expensive = 高価な　Billato = イタリアの有名自転車ブランド
Bianchi = 同じくイタリアの有名自転車ブランド　ride =（自転車など）に乗る

bicycles of Italy such as Billato and Bianchi)

こうした書き方ばかりに出合うと、「たまには本物の英語を読んで、少し勉強してみればいいのに……」と学生の怠慢を責めたくなっていたのですが、ある日、そうした考え方が間違っていることが分かりました。私が以前に書いた本の読者から受けた、定冠詞「the」の用法についての質問が、私の間違いに気づかせてくれたのです。

間違いだらけの『かわいそうな ぞう』

ある中学3年生用の英語教科書には、以下のような英文が載っています。

> Many years ago, there were three wonderful elephants at the Ueno Zoo. The elephants were John, Tonky, and Wanly. They could do tricks. Visitors to the zoo loved to see their tricks.
>
> Japan was at war then. Little by little the situation was getting worse. Bombs were dropped on Tokyo every day.
>
> If bombs hit the zoo, dangerous animals will get away and harm **the** people of Tokyo. So, the Army ordered the zoo to kill all the dangerous animals such as lions, tigers, and bears.(*1) (下線・太字は引用者。＊は174ページの引用文献参照。以下同)

(大意：ずっと昔、上野動物園には3頭のすばらしい象がいました。象たちは、ジョン、トンキー、ワンリーという名前で、いろいろな芸をするので訪れる人たちにとても人気がありました。日本はそのとき戦争中で、少しずつ状況は悪化していました。東京に毎日爆撃があったのです。もし、爆弾が動物園を直撃すれば、危険な動物たちが逃げ出して、東京に住む人々に危害を加えてしまうと考えた陸軍は、ライオン、虎、熊などといった危険な動物を殺すように命令を出しました）

この英文に関して、以下の指摘と質問を受けました。

(1) 下線部 **the** people of Tokyo ですが、限定詞のtheが付くと、「東京の人たち全員」を指すと思います。

(2) 本文の内容から考えて、ここでは「東京の人たち」という「不特定多数」を指すのであって、「東京の人たち全員」ではないと考えます。

(3) したがって、ここは「people of Tokyo」と、無冠詞にすべきではないでしょうか。

これについて、私は次のように答えました。

「**the** people of Tokyo」という定冠詞の使い方は、ご指摘の通り、不適切です。また、この短い（たった86語の）抜粋には、それ以外の問題も少なくありません。私なら、下記のように書き直します。

do tricks = 芸をする   situation = 状況   bomb = 爆弾   dangerous = 危険な
get away = 逃げる   harm = 害を与える   order = 命令する

Many years ago, there were three wonderful elephants at the Ueno Zoo. ~~The elephants~~ ①**Their names** were John, Tonky, and Wanly. They could do tricks. Visitors to the zoo loved to ~~see their tricks~~ ②**watch them**.

　Japan was at war then. Little by little the situation was getting worse. Bombs were dropped on Tokyo every day.

　If bombs hit the zoo, dangerous animals **~~will get~~** ③**might have got** away and ~~harm~~ ④**hurt** ⑤~~the~~ people ⑥~~of Tokyo.~~ ⑦**So**, ⑧**so** the Army ordered the zoo to kill all **~~the~~** ⑨**its** dangerous animals⑩, such as lions, tigers, and bears.

① elephantsの繰り返しは不自然。
② tricksの繰り返しは不自然。
③ 過去の話なので、未来形のwill get の登場は、文法的にナンセンス。過去形のwould get away and hurt peopleと書いても文法的には問題ないが、空襲の結果として必ずしもそうなるとは限らないので、mightを使うべき。
④ harmよりもhurtのほうが自然。
⑤ ご指摘の通り。
⑥ theをとって、people of Tokyoと直しても、ofの使い方が依然としておかしい。「people of Tokyo＝東京人」のつもりか？　それとも「東京出身者」？　あるいは、たまたまそのときに東京に来ている名古屋人でも「people of Tokyo」になると思っているのか？　本当はpeople in Tokyoの話のはず。

なお、この文には、当然のことながら、Tokyoという語はそもそも不要。
⑦ どうしてもここで切ってSoで新しい文を始めるのなら、「So,」ではなく、「So」と、コンマ（「,」）<u>無し</u>で書く。
⑧ 切らず、1文にまとめたほうが自然。
⑨ theは間違いではないが、itsのほうが自然。
⑩ コンマが必要。

また、その結果の、

> Many years ago, there were three wonderful elephants at the Ueno Zoo. **Their names** were John, Tonky, and Wanly. They could do tricks. Visitors to the zoo loved to **watch them**.
>
> Japan was at war then. Little by little the situation was getting worse. Bombs were dropped on Tokyo every day.
>
> If bombs hit the zoo, dangerous animals **might have got** away and **hurt** people, **so** the Army ordered the zoo to kill all **its** dangerous animals, such as lions, tigers, and bears.

をさらに自然に感じられる文にするなら、

> Many years ago, there were three wonderful elephants at the Ueno Zoo: John, Tonky, and Wanly. They could do tricks, **and visitors** to the zoo loved to watch them.
>
> Japan was at war then, **and little** by little the situation

hurt = 傷つける

was getting worse. Bombs were dropped on Tokyo every day.
　　If bombs hit the zoo, dangerous animals might have got away and hurt people, so the Army ordered the zoo to kill all its dangerous animals, such as lions, tigers, and bears.

というふうに磨きをかければよい。

あり得ない英語が掲載されている教科書

　しかし、教科書の「たった86語」に、英作文の授業で出合った"ヘンな特徴"がみな見事にそろっていることにびっくりさせられました。問題は「学生の怠慢」ではなく、私の授業の受講生が中学校の教科書で紹介された英語をよく覚えていたことにあったのかもしれません。

　なお、「磨かれているかどうか」はともかく、

　　If bombs hit the zoo, dangerous animals **will** get away... .

のように、英語としてはあり得ない言い方が中学生の教科書で紹介されるということが、なぜ起こるのでしょうか？　ちなみに、この『かわいそうな　ぞう』の英訳の出典として教科書に明記されていた*Faithful Elephants*（Yukio Tsuchiya作／Tomoko Tsuchiya Dykes訳／Houghton Mifflin Company）に目を通したところ、正しい英語で訳されていました。つまり、教科書に引用する際に「変更」がなされたわけです。

もちろん、この教科書は数多くの規制がある文部科学省の厳しい検定を通過したはずですが、おそらく、その検定では英語の正確さ自体は暗黙の前提となっているため問われず、検定の対象は（たとえば、「多様なものの見方や考え方を理解し、公正な判断力を養い、豊かな心情を育てるのに役立つこと」というように英語の正しさではなく内容が対象になっているなど）別にあるので、間違いがそのままチェックされずに残るのだろう、と想像します。
　問題は、その前の段階に出版社側で行われたはずのネイティヴ・チェック（英語を母語とする人による確認作業）の結果です。そのチェックによる訂正が最終的に無視される、ということも十分にあり得るでしょう。とりわけ、

　　If bombs hit the zoo, dangerous animals **will** get away... .

のような文は、訂正が無視された可能性がきわめて高いと思われます。というのも、過去の話なので、良心的なネイティヴ・チェッカーが目を通しているのであれば、**will**が**would**（もしくは**might**）と過去形に訂正されるはずですが、その後の編集会議では、「**would**は、まだ紹介されていない『仮定法』となってしまうから、使えない」との勘違いによって、訂正結果の**would**が**will**に戻されてしまったということが十二分にあり得るからです。言うまでもなく、ここでの**would**（または**might**）はただ単に過去形であり、「仮定法」とは関係ありません。もし、仮にこうした過去の話に「仮定法」が登場するとすれば、それは、

> If bombs **had** hit the zoo, dangerous animals **would**[**might**] **have got** away ... .（もし爆弾が動物園を直撃していたら、危険な動物たちが逃げてしまっていただろう［いたかもしれない］）

という、実際には起きなかったことを「仮に起きたとすれば」と想定する場合になります。

第2章 時制が足りない日本人の英語

時制がない日本語とは違い、英語の話者は
12種類の時制を操り日常生活を送っています。
日本人が英語を使う際、
この時制の用法を使いこなすことが
カタコト英語から脱却する鍵となってきます。
自然な英語を使いこなすには日本語の表現から生じる
先入観と誤解を消し去ることが必要です。

一部の時制しか教えられない中学英語

　中学の３年間では通常、英語の時制の半分しか紹介されません。具体的に言うと、英語では伝えたいことを表現するために、

　　①現在形　②現在進行形　③現在完了形　④現在完了進行形　⑤過去形　⑥過去進行形　⑦過去完了形　⑧過去完了進行形　⑨未来形　⑩未来進行形　⑪未来完了形　⑫未来完了進行形

という12もの時制がふつうに使われているのに、３年をかけても、そのうちの６つ、「現在形」「現在進行形」「過去形」「過去進行形」「未来形」「現在完了形」しか紹介されないのです。考えてみれば、日本語の観点からは、「まあ、それでもだいたい十分ではないだろうか」と思われてもおかしくないのかもしれません。日本語では「〜する」「〜した」「〜している」「〜していた」というだけでまったく問題ないので、英語では６つほどそろっていれば不自由はしなさそうだ、と考えてしまうことも十分にあり得るのです。

　ところが、「〜する」「〜した」「〜している」「〜していた」という"相"（aspect）を示す日本語用法の機能は、"時"を示す英語の時制の機能とは基本的に異なるので、そうした観点は役に立ちません。

　たとえば、

　　(1)「**昨日**、僕が電車に乗っ**ている**間に……」（While I **was** on the train yesterday, ...）

(2)「僕は、**今**、電車に乗っ**ている**ところなんだけど……」(**I'm** [= **I am**] on the train now... .)

(3)「**明日**その時刻には、僕は電車に乗っ**ている**だろう」(Tomorrow at that time，I think I **will be** on the train.)

という3つの表現に端的に表れているように、過去・現在・未来を問わず、日本語では同じ「〜**ている**」が使われることもよくあります。

　この比較で分かるのは、英語には「**am，was，will be**」という"時による使い分け"があるのに対して、日本語の場合は"時"によって動詞（複合動詞）の語尾が変わることはないということです。面倒な話かもしれませんが、この基本的な違いを無視しては正確な英文が書けません。

「現在進行形」を使うという罪深さ

　具体的な例を考えましょう。一般の日本人大学生が書いた英作文を見ると、たとえば「私はグリークラブ（男声合唱団）に属しています。私たちは毎日練習しています」のつもりで、

I am belonging to a glee club. We **are practicing** every day.

のように「現在進行形」を使って書かれた英文を見ることは決して珍しくありません。もし日本語を知らない人が読み手の場合、なぜ、

belong to = 〜に属する　practice = 練習する

> I **belong** to a glee club. We **practice** every day.

のように、正確な英語である「現在形」で表現しようとしないのか不思議に思う可能性が高いでしょう。

　私は、大学生の書く英作文に慣れているので、不思議に思うことなどはもうとっくになくなっていますが、上記の1番目の文、

> I **am belonging** to a glee club.

は許しがたいものです。というのも、これは明らかに学生の怠慢を示している書き方だからです。和英辞典で「属する」を引けば、**belong**という動詞が使用されている用例はあっても、その進行形はどこにもないはずです。逆に、自分が使おうと思っている**belong**を念のために英和辞典で引けば、「その進行形はどこにもない」どころか、

> I **belong** [×am belonging] to the music club.（私は音楽部に属している）

のように、状態動詞である**belong**の場合、そもそも進行形は存在しない、という指摘に出合うこともよくあります。

> I **am belonging** to a glee club.

のような"英文"を書く学生には、アメリカ人の日本語学習者が辞書を使わずに書いた"和文"を一度見てもらいたいと思ってしまいます。

教科書にある"ヘンな英文"

一方、

> We **are practicing** every day.

のほうは、確かに誤ってはいますが、これには学生に逃げ道があります。具体的に言うと、私が持っている中学2年生用の英語教科書には、こんな"英文"が「スピーチ原稿」の模範の一部として挙げられています。

> ... I'll be happy if people like my food.
> So I'**m practicing** cooking every day to be a good chef. (*2)

これは、「私の作った料理を、みんなが好きになってくれたらうれしく思う。だから、私は毎日、良いシェフになるために料理の練習をしている」のつもりで書かれたのでしょう。なぜネイティヴ・チェックの段階で"... I **practice** cooking everyday... ."と訂正されなかったのか私には想像がつきませんが、学生がこの"I'm practicing cooking every day"という"模範"にならって、

> We **are practicing** every day.

のような"ヘンな英文"を書いても仕方がないという思いにさせられます。

言うまでもなく、英語の動作動詞の場合、現在進行形の最も基本的な役割は「今の瞬間に行われている行動」を示すことです。これに対して、「繰り返す行動」や「習慣的な行動」を示すのが

現在形の最も基本的な役割です。

 I **walk** to school.

と言えば、歩いて通学する習慣があるということになり、

 I **am walking** to school.

と言えば、今学校へ向かって歩いているところだ、ということになります。こうした時制の使い分けは、基礎英文法にすぎません。教科書にある、

 ... **I'm practicing** cooking every day ... .

は、「私は料理の練習を毎日**今の瞬間にしている途中だ**」というように、わけの分からない意味になるので困るのです。

気が変わってなければ「現在完了形」

　大学生の英作文に見られるもう１つの"時制関係"の問題は、「現在完了形」を使うべき場合に「過去形」を使ってしまう、という傾向です。たとえば、

 When I became a university student，I **thought** I **want** to study abroad.

という例が挙げられます。私は、最初にこれを添削したときに、時制の一致で、

> When I became a university student, I thought I want**ed** to study abroad.（大学生になったときは、私は留学したいと思っていた）

と訂正しましたが、個人指導の際に、「留学は、もうしたくないのですか」と訊いてみたら、「いや、したいです」と言われてしまいました。結局、この学生が伝えたかったのは「入学してから留学したいと思うようになった（そして、今もそう思っている）」ということだったので、上記の英文をまず、

> After becoming a university student, I **came to want** to study abroad.

と訂正し、それから、

> Since becoming a university student, I **have wanted** to study abroad.

という、伝えたい意味がより正確に伝わる言い方を勧めました。前者の過去形では「大学生になったときは、留学したいと思うように**なった**」ということが分かりますが、今の気持ちは不明です。これに対して、後者の現在完了形は「**依然として留学したい**」ということがはっきりするのです。

　ちなみに、上記の２文のいずれにも**think**という動詞は要りません。「〜したい」場合、日本語では「〜したい**と思う**」のように、わざわざ「**と思う**」を付ける習慣がありますが、「〜したい」と

---

abroad = 外国で

いう言葉だけで1つの「思い」がもうすでに表されていますので、わざわざ「**と思う**」を付けるのは、理屈ではなく、気持ちの問題でしょう。確かに日本語では、「〜したい**です**」よりも「〜した**いと思います**」と述べたほうが幾分か軟らかい感じになりますが、英語にはそうしたこだわりはありません。むしろ、

　　I **want** to study abroad.

と表現すれば、自分の気持ちははっきりしますが、

　　I **think** I want to study abroad.

と表現すると、「**たぶんしたい**」といったニュアンスが生じてしまいます。そのようなニュアンスを避けたい場合、**think**は使わないことです。

中学2年までは、「現在完了形」が禁止!?

　しかし、**think**はともかくとして、大学生がこうした≪「現在完了形」を使うべき場合に、「過去形」を使ってしまう傾向≫も教科書から学んだ可能性があります。「現在完了形」が紹介されるのは通常、中学3年生になってからであり、それまでのレッスンでは、たとえ「使うべき場合」であっても、使ってはいけません。そこで、中学2年生用の教科書では、たとえば、こんな言い方が登場してしまいます。

　　"You **changed** my life, Maria." he said one day.[*2]（「マリ

ア、君は僕の人生を**変えてくれた**」と、ある日彼は言った）

この英語では、「僕の人生」が過去に変えられたということは分かりますが、その後どうなったのか、今はどうなっているのかは分かりません。もし、「今も**依然として**変えてくれた**ままだ**」という話であれば、現在完了形を使って、

　"You **have changed** my life, Maria," he said one day.

と書くべきです。では、現在完了形を使ってはいけない場合にはどうすればいいでしょうか？　少しだけ工夫すればいいのです。たとえば、

　"Because of you, my life is different now, Maria," he said one day.（「君のおかげで、僕の人生は前とは違うんだ、マリア」。ある日彼はそう言った）

と書けば、問題はなくなるのです。

あり得ない英語表現が教科書に登場

　なお、上記の過去形の

　"You **changed** my life, Maria," he said one day.

という言い方は、たとえ正確な表現である

　"You **have changed** my life, Maria," he said one day.

とは意味が違っても、英語としてあり得ないわけではありません。が、大変残念なことに、同じ教科書で紹介されている"過去形用法"には、"あり得ない英語"も登場します。具体的に言えば、ある「博士」が自分の「新発明品」について「まだ試してはいないけど」というつもりで書かれたらしい、

But I **didn't** test it **yet**.[*2]

というセンテンスです。本当は、**yet**（まだ：これ［それ］までは）という副詞がある以上、動詞には完了形しか考えられません。いついつ「までは」を表現することこそ、完了形の役割なのです。

　もし、教科書の物語と同じように「**現時点では（＝これまでは）、まだ試していないけど**」という話であれば、

But I **haven't tested** it yet.

と、**現在完了形**となるに決まっています。また、それとは違って、もし「（過去の）**あのとき（＝それまでは）、まだ試していなかった**けど」という話であれば、

But I **hadn't tested** it yet.

と、**過去完了形**に決まっています。あるいは、もし「（将来の）そのときまでは**まだ試していない**はずだけど」という話であれば、

But I **won't have tested** it yet.

と、**未来完了形**に決まっています。教科書で紹介される、存在も

しない英語の、

> But I **didn't** test it **yet**.

は、まるで「**今のところはまだ試しませんでしたけど**」とでも言っているような、わけの分からない表現なのです。

「村上春樹の紹介文」に見る時制の問題

　過去形の使い方が問題になるもう1つの例を考えましょう。次のセンテンスは大学生の書いた英作文の冒頭です。

> I **introduce** Haruki Murakami. I **was interested** in his **novels** when I was a junior high school student and read a lot of his **novels**.

まず、村上春樹のことを紹介するのはこれからのことなので、私は1番目の文を、

> I **will** introduce Haruki Murakami.

と訂正しました。次に、2番目の文の**novels**という名詞の使い方が正確かどうか、書いた本人と話し合って確認する必要がありました。というのも、**novel**は「小説」という意味ではなく、「長編小説」を意味するので、春樹の短編小説に興味がなかったのか、読まなかったのか確認しないと、この文の添削は不可能だからです。最後に、**was interested**（過去には興味があった）と書いて

test = 試す　introduce = 紹介する

いるのに、その英作文の続きを読むと、今も興味を持っていることが分かったので、

　　I **was** interested ... when I was a junior high school student

を、

　　I **became** interested ... when I was a junior high school student

に訂正しました。そうすると、この文は「いつ興味を持っていたか」ではなく、「いつ興味を持つようになったか」を示すようになります。

　結局、本人は春樹の短編小説も中学生の頃から愉しく読んでいることが分かったので、最終的には、

　　I **will** introduce Haruki Murakami. I **became** interested in his **fiction** when I was a junior high school student and read a lot of **it**.

という英文ができあがりました。

「鳥獣戯画」に興味を持ったのはいつか？

　偶然にも、中学3年生用の教科書にもまったく同じ「過去形の使い方」の問題が見られます。

　　Look at these pictures of animals playing together. They are called *Choju-giga*, or "Cartoons of Birds and Animals." When I first saw them a few days ago, **I was interested** in them.[*1] (動物が一緒に遊んでいるこれらの絵を見てください。これらは鳥獣戯画、すなわち「鳥と動物の漫画」と呼ばれています。数日前に初めてこれらを見たとき、私は興味を持っていました)

という例が挙げられます。

まず、"Cartoons of Birds and Animals"(鳥と動物の漫画)を読んで「鳥は動物じゃないというのか」と訊きたくなります。おそらく、この"Cartoons of Birds and Animals"という妙な言い方が生まれたのは、たとえば"Caricatures of Birds and Beasts"や"Scrolls of Frolicking Animals"という「鳥獣戯画」の通常の英訳が語彙的に難しすぎるので、中学生のレベルに合わせて、適当に書けばいい、と判断されたのでしょう。

しかし、それよりも、「そのときには興味を持っていた」という、

When ... , **I was interested** in them.

が問題です。本当に伝えたい意味は、明らかに「初めて見たのは数日前だが、そのときに**興味を持つようになった**」ということなので、これも、先ほどの大学生の英作文のときと同じように、

When I first saw them a few days ago, **I became** interested in them.

fiction = 小説、創作 cartoon = (風刺)漫画 caricature = 戯画、風刺画
beast = 獣 scroll = 巻物、巻き軸 frolicking = はしゃぎまわる

と訂正すべきです。

　いずれにしても、「……ときに、**興味を持つようになった**」という意味を表すのに、

When ... , I **was interested** in them.

でもいい、と教わってきた大学生を責めるべきではないことがよく分かります。

東京競馬場が汚いと思ったのはいつか？

　私が大学の授業で添削してきた英作文には、「過去完了形」の"無さ"も目立ちます。具体的に言えば、

Last week, I **went** to the Tokyo Racecourse for the first time. It **was** a sunny autumn day.（先週、私は初めて東京競馬場に行った。秋晴れの日だった）

のように、最近何をやってきたかを述べるものにその傾向が多く見られます。つまり、"物語風"に書かれ、過去形が土台となる文章が多いわけですが、その過去の話の中の"現時点"よりもさらに前のことを述べようとするときに、必要な「過去完了形」が出てこないのです。たとえば、上記の英文の場合、

Last week, I went to the Tokyo Racecourse for the first time. It was a sunny autumn day. I **thought** the Tokyo Racecourse **was** a dirty place. But it was a clean place.（先

週、私は初めて東京競馬場に行った。秋晴れの日だった。東京競馬場は汚いところだ、と私は思った。が、きれいなところだった）

のように、すべて過去形で述べようとするのですが、

I thought the Tokyo Racecourse **was** a dirty place. But it was a clean place.

の過去形では、伝えたいこととは違う意味が表現されてしまいます。つまり「（この日初めて行ってみて東京競馬場は）汚いところだな、と思った。が、（今になって考えてみれば、そのときの私の見方は正しくなかった。そのときでも）本当は汚くはなかったのだ」ということになってしまうのです。

当然のことながら、学生がここで伝えたかったのは「東京競馬場に行ってみるまでは、汚いところだろうと思い込んでいたのだが、実際行ってみたら、決してそうではなかった」ということなので、上記の文を

I had thought the Tokyo Racecourse **would be** a dirty place. But it was a clean place.

と「過去完了形」を使って訂正します。

「過去完了形」を「過去形」で代用できるか？

中学生用の教科書にも "物語風" に書かれている英文が多いの

racecourse = 競馬場、競走用コース

ですが、「過去完了形」は通常、高校 1 年のときに初めて紹介されるので、中学校英語の授業では、それを使うわけにはいきません。もちろん「過去完了形」を使わずに物語を書くことはきわめて難しく、これにもまさに「相当の工夫」が要りますが、「工夫」というよりも、教科書を見ると、大学生が書いた英作文と同じように、すべて過去形ですませようとする例が珍しくありません。

たとえば、中学 2 年生用の教科書に書かれている、貧しい子どもたちを助けようとする Sergio という神父についての物語には、こんな文章が登場します。

> One of Sergio's children wanted to help Sergio. His name was Mario. Mario was a lawyer. He grew up at Sergio's home.[*2]（セルジオの子どもたちの中に、セルジオを助けたいと思う子どもが 1 人いた。彼の名前はマリオだった。マリオは弁護士だった。彼はセルジオの家で育った人だった）

ストーリー全体から判断すれば、本当に言いたいのは、明らかに上記の話ではなく「子どもの頃にセルジオの世話になったことがある養子のような人たちの中に、今度は彼を助けたいと思った人がいた。以前にセルジオの家で育ち、現在は弁護士をしているマリオという名の人だった」ということです。そこで、もしこれが「過去完了形を使うわけにはいかない」中学生用の教科書でなければ、私はその英文を次のように書き直します。

> One of Sergio's **former** children, **Mario**, wanted to help

him. Mario was a lawyer and **had grown up in** Sergio's home.

※教科書の英文にあるgrew up **at** Sergio's homeの**at**という前置詞も誤り、これを**in**と訂正します。

では、「しかし中学生用の教科書で同様の話を伝えなければならないときには、どうすればいいのか」という問題を考えましょう。この問題に関しては、私が最もよく見かける"妥協案"は、

He thought, "**I grew up** in Sergio's home."

のように、「直接話法」を使用する"その場しのぎ"ですが、ほとんどの場合、それによって非常に不自然に感じられる英文になってしまいます。結局、「そもそも過去完了形を使わずには自然な書き方ができない物語は、載せるべきではない」と言うしかないでしょう。

「過去完了形」は中学で教えるべき

では、物語を述べるのにこんなに重要な「過去完了形」が、なぜもっと早く紹介されないのでしょうか？ 1つの理由に「日本語の観点からは、なくてもよさそうだ」という考えがあるのでは、と察しますが、それよりも「中学生には難しすぎる」という先入観が最大の理由ではないでしょうか。しかし、数学や理科など、もっと難しいことを中学で教えるのに、「過去完了形」はどうして難しすぎると思ってしまうのか、私には分かりかねます。

lawyer = 弁護士　former = 以前の

本当は、過去形と一緒に紹介すれば、その使い分けの論理が中学生にも十分に理解できるはずであり、それぞれの用法を対照させながら紹介するのが最も効果的ではないでしょうか。たとえば、上記の例の場合なら、まず、

> One man **wanted** to help Sergio. He **was** a lawyer, and he **had been** one of Sergio's children. Mario **had grown** up in Sergio's home.

と書くとします。そこで「ある男がセルジオを助けたいと思った」のは、この過去の話の中の"そのとき"（＝現時点）であり、彼が弁護士だったのも、過去の"そのとき"なので、**wanted** to help と **was** a lawyerのように、いずれも過去形で表現します。
　これに対して、もう大人である彼がセルジオの子どもたちの1人だったのは、"**そのとき**"**よりもさらに前**のことであり、セルジオの家で育っていたのも、"**そのとき**"**よりもさらに前**のことなので、**had been** one of Sergio's children と **had grown** up in Sergio's homeのように、いずれも**過去完了形**で表現する」、というふうに説明すれば、使い分けの論理が比較的分かりやすいと思われます。（右ページ図参照）
　しかし、実際問題として、「過去形」の紹介と「過去完了形」の紹介には、2年間のギャップがあります。
　そのせいか、いつまで経ってもこの2つの基礎的用法の使い分けが「よく分からない」と悩む日本人は少なくないようです。

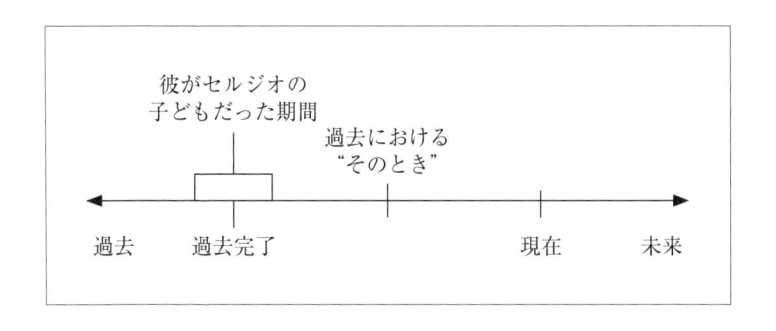

```
            彼がセルジオの
            子どもだった期間
                │
          ┌─────┴─────┐    過去における
          │           │    "そのとき"
    ◄─────┴───────────┴──────┼──────────┼──────►
     過去    過去完了                現在      未来
```

第3章 冠詞theと数への無関心

時制の問題と似ているのですが、日本語には
冠詞は存在せず、名詞にも複数形はありません。
そのせいか、大学生の英作文に見られる
the や a (an) の用法が、ルールや論理に従うのではなく、
恣意的になっているように感じられるケースが多く見られます。
また、名詞を単数にするか複数にするか、
という非常に基本的な問題も
見過ごされることが珍しくないのです。

必要のないtheの存在

　大学生の英作文を添削すると、名詞の前に定冠詞の**the**が付いていることによって文の意味がおかしくなってしまっている場合が実に多く、いかに**the**の機能が理解されていないかよく分かります。たとえば、「アジアの国々は日本と違う。だから、私は9月にアジアの国々を訪れたい」のつもりで書かれた、

> **The** countries of Asia are different from Japan. In September I want to visit **the** countries of Asia.（［日本も含めて数十カ国もある］アジアの**すべての**国々は日本と違う。だから、私は9月にアジアの**すべての**国々を訪れたい）

というような文がその典型です。一般の日本人には、この英文のように"**the** countries of Asia"と書くと、それは「アジアを構成する国**すべて**」という意味になることに対する意識がかなり低いようですが、これは、伝えたい意味が正確に通じる英文を書くためにきわめて重要な基本文法です。「**すべて**」ではない意味の場合なら、**the**を省いて"countries of Asia"と書けばいいのです。

　上記の英文には、それ以外の問題もあり、結局、私は授業で、

> **Other** countries in East Asia are different from Japan, and in September I want to visit **some of them**.

のように訂正することにしました。日本の一般の大学生の英文に登場する**Asia**は、本当は「アジア」ではなく、漠然と「アジア大陸の東方」の意味として使われることが多く、そういう意味では、

日本は**Asia**に入りません。しかし、英語では日本が入らない**Asia**は存在しないので、最初の文の"**The** countries of Asia … ."を"**Other** countries in **East** Asia … ."（**東**アジアの**日本以外**の国々）と直す必要がありました（**of**を**in**に書き換えたのは、英語としてはそのほうが自然に感じられるからです）。

「すべて」を表すtheが果たす役割

　こうしたtheの問題は、学生の書いた英文だけとは限りません。たとえば、日本の社会人が書いたFacebookのタイムラインでは、

I went to Singapore with **the** members of my company.

のような英文をよく見かけます。読み手が、**the**の機能に対する日本人の意識の低さをよく知っている私のような人間なら、まず「本当に社員全員がシンガポールに行ったのですか？」と訊きたくなるのですが、一般の"英語圏人"が読み手の場合は、その文を疑わず、「社員全員で行った」と受け止めるのがふつうです。

　なお、同じ現象が日本の中学校で使われている英語教科書にも見られます。たとえば、「そのプロジェクトは、子どもの観点による世界における相違点を、一般の人が分かりやすいようにしている」のつもりで書かれたと思われる

The project will help people learn about **the** differences in the world from children's points of view.[*1]

という例が挙げられます。differencesの前に**the**があるため、この英文は「世界における**すべて**の相違点を、1つ残らず分かりやすくしてくれる」という意味になってしまっています。

あるいは、

> They said in anger, "If we build a dam, some of the ancient temples will be under water! They are **the** treasures of Egypt!"(*1)（「ダムを造ったら、いくつかの古代神殿が水没してしまう！　それらはエジプトの宝物の**すべて**だ！」と彼らは怒って言った）

という例もあります。言うまでもなく、「エジプトの宝物は、水没してしまうそのいくつかの古代神殿**だけ**」ではないので**the**を抜くべきです。

教科書に見られる間違ったtheの用法

上記の2例は、たまたま中学3年生用の教科書にあったのですが、日本の中学生は1年目から、同じように誤った英語を教えられてしまっています。たとえば、中1用の教科書では、発展途上国の子どもにポリオワクチンを提供するNPOのプロジェクトに、数人の日本の中学生が参加しているという設定で、その参加を知った金髪の同級生がこんなセリフを言います。

> Wow! You save **the** kids!(*3)（わー！　あなたたちは、その子どもを**全員**救っています！）

立派なボランティア活動の話ですが、なぜ**the**抜きで、

　　Wow! You save kids!

と、伝えたい意味が正確に通じる英語表現を紹介しないのでしょうか？

　また、同じ中１用の英語教科書では、

のような絵の左側に、こんな英文が登場します。

　　Look at this. We sometimes see it in **the** classroom in America. Do you know the meaning? (*3)（これを見てください。我々はこれをアメリカの**唯一の**教室で時々見かけます。その意味が分かりますか？）

アメリカでは、そのような標識を見かけない教室もあれば、見かける教室もあるので、classroomを複数形のclassroom**s**にし、**the**抜きで、

　　We sometimes see it in classroom**s** in America.

anger = 怒り　ancient = 古代の　temple = 寺
treasure = 宝　meaning = 意味

と書けば問題ないのに、なぜそのように書かれていないのでしょうか？ もちろんthe classrooms in Americaだったら「アメリカのすべての教室」という意味になり、これもまたあり得ない状況になってしまいます。

添削すると見える数々の問題点

　私は授業で学生が提出した英文の添削を、PC上で行います。まず、たとえば、

　　There are ~~some~~ reasons for this.
　　（これには理由がいくつかあります）

のように、削除する言葉を"取り消し線"で示します。ここではreasonsの複数形だけで「いくつか」の意味を表しているので、someは蛇足です。もちろん、たとえば、

　　While **some** people commute to work by car, **I** commute by train.（車で通勤する人**も**いるが、**私は**電車で通っています）

のように、対照的に用いられる**some**もありますが、上記の学生の文は、そうしたケースではないのです。
　また、

　　I live in Nakano now. I moved here ~~there~~ last month.（私は今、中野に住んでいます。先月にそこに引っ越しました）

のように、付け加えるべき言葉を"**太字**"で示します。しかし、具体的に何が言いたいのか分からず、筆者本人に訊かなければ訂正できない英文にもよく出合います。その場合、たとえば、

> My brothers <u>relatively like science topics</u>, and <u>each studies physics or biology</u>.

のように、分からない部分を"<u>下線</u>"で示します。私は結局この文を、

> My brothers like science; one of them studies physics and the other studies biology.（兄たちは科学が好きで、1人は物理学、もう1人は生物学を勉強しています）

のように訂正しました。

　なお、私の一存では訂正が決められない英文には、非常に簡単なセンテンスが意外と多いものです。たとえば、

> On Sunday, I have dinner with my family in Ibaraki.

のような文がその典型です。これは「私は、今度の日曜日に、茨城の家族と一緒に夕食をとる予定だ」のつもりで書かれたのか、それとも「私は、たいてい毎週日曜日に、茨城の家族と一緒に夕食をとる」のつもりで書かれたのか、分からないのです。前者なら、

> On Sunday, I **am going to** have dinner with my family in

---

commute = 通勤(通学)する　relatively = 比較的に
physics = 物理学(単数扱い)　biology = 生物学

Ibaraki.

と「これからする予定」を示す"be going to"を使って直し、後者なら、

On Sunday**s**, I have dinner with my family in Ibaraki.

と、複数形のSunday**s**を使って直します。

複数を単数にしてしまう教科書

大学生がとかく、

On Sunday, I have dinner with my family in Ibaraki.

のように、意味不明な英文を書いてしまう理由は2つあるように思われます。1つは現在形の機能を十分に理解していないということです。具体的に言えば「**動作動詞の現在形は、繰り返してすることや、習慣的にすることを示す**」という基本的文法を理解していないため、"I have dinner with my family"が「私は習慣的に家族と一緒に夕食をとっている」ということを表していることに気がつかないのです。

もう1つの理由は、"On Sunday, ..."のSundayは「ある1つの日曜日」を意味することを理解していないところにあります。もし「ある1つの日曜日」の話ではなく、たとえば「日曜日は、私は普段遅くまで寝ている」というような話であれば、

On Sunday**s**, I usually sleep late.

と、複数形のSunday**s**で表現されるのです。

　しかし、そう書こうとしない大学生を責めるわけにはいかないようです。というのも、早々と中学1年生のときから、まるで「曜日を表す英単語には複数形がない」かのように教わっている可能性が高いからです。私が持っている中1用の英語教科書では、たとえば、

　　What do you usually do on Sunday, Yuki?(*3)

という質問が登場します。同じ章で他の名詞の複数形が紹介されているのに、なぜSundayの複数形Sunday**s**も紹介し、自然な英語表現にできなかったのでしょうか？

　この問題は"かなり病的"と言ってもよさそうです。たとえば、「月曜日の午後には普段何の勉強をしていますか？」という話なら、

　　What do you usually study on Monday afternoon**s**?

と、複数形のafternoonsを使って表現するのが英語ではごくあたりまえのことですが、同じ教科書では、それが、

　　What do you usually study on Monday afternoon?(*3)

と単数形になってしまっています。あるいは、クラブ活動についての文で、

　　I play basketball on Monday, Tuesday, Thursday, and

45

Friday.[*3]

という言い方、つまり、上記の大学生の（問題の）

On Sunday, I have dinner with my family in Ibaraki.

と同じ言い方が登場してしまっています。当然のことながら、本当の英語は、

I play basketball on Monday**s**, Tuesday**s**, Thursday**s**, and Friday**s**.

なのですが、大学生にもなってそうした自然な英文を書かないのは、怠慢だからだとはとても言えません。それどころか、英語の教科書で教わったことをしっかり覚えてきたからこうなってしまった、と言ったほうが正確かもしれません。

第4章 基本動詞・助動詞を使いこなす

私は、have、see、watch、get、must、have toなどの
基本的な動詞や助動詞の使い方を間違えている
残念な英語を毎日のように目にします。
「そのくらい、できているはずですが……」
と思う人もぜひ、
もう一度その用法を確認してもらいたいものです。
新しい発見があるはずです。

家族の数を英語で言うには？

　大学生の英作文に見られる「動詞の用法に対する誤解」は、時制の問題ばかりではありません。動詞そのものが語彙として適切でないケースも多く見られます。たとえば、自己紹介の作文で、「4人家族」の話が以下のように書かれた文に出合ったことがあります。

　　I **have** four people in my family: my mother, my father, my younger brother, and me.

ここでは **have** が問題です。確かに「家族を持っている」や「自分には家族がある」という意味で、

　　I **have** a family.

と言います。あるいは「私には弟がいる」という意味で、

　　I **have** a younger brother.

と言うのもふつうですが、学生の書いた "I **have** four people ... ." の four people の中に、自分も含まれているので、**have** はまったくおかしい。つまり、

　　I **have** me.（私には私がいる；私は私を持っている）

と言っていることになるのです。その文を

　　There are four people in my family: my mother, my

father, my younger brother, and me.（うちの家族は、母と父と弟と私、の4人です）

と訂正すれば、問題がなくなります。私は、元々の文を見たとき、学生がただ単に**have**の意味をよく考えなかったのだと思ったのですが、その後、中学1年生用の英語教科書でこんな"英語"に出合いました。

I **have** four people in my family: my mother, my father, my sister, and **me.**(*3)

もし、たとえ、上記の訂正で使われた「There + be動詞」という言い方がまだ紹介されておらず、使えない段階だとしても、たとえば、

I **live** in a family of four people: my mother, my father, my sister, and me.

などのように、少し工夫すれば、まったくおかしい"英語"を紹介することは避けられるはずです。

seeとwatchの意味の違い

大学生の英文には、「see + 目的語」（〜が見える；〜が目に入る；〜を見かける）の使い方がおかしい例も少なくありません。たとえば「私はサッカーの試合をテレビで観るのが好きです」のつもりで書かれた、

I like to **see** the soccer game on TV.

という文が挙げられます。まず、「テレビで観るのが好き」と言いたいのは、明らかに"**the** soccer **game**"（サッカーの特定の一試合）ではありません。一般的な話なので、その部分をsoccer game**s**と直せばいいのですが、それでも、まだ**see**がおかしい。「時間をかけて観ることだから、**watch**（観る）だろう！」と学生を責めたい気持ちになってしまいそうなのですが、責めるわけにはいきません。中３用の英語教科書では、ギリシャにあるコリント運河にかかっている"high bridge"（高い橋）の話で、こんな"英語"が紹介されてしまっています。

   People like to stand on the bridge to **see** the ships far below.[*1]（人々は、その橋に立って、はるか下の［はるか下を通る］船を**見かける**のが好きです）

これは時間をかけて「はるか下を通る船」を目で追う話なので、当然のことながら、**watch**という動詞の出番ですが、**see**を使うと、まるで「船を**見かける**のが好き」といった感じの英語になってしまうのです。

getの用法に対する大きな誤解

　また、似たような動詞の使い方に関する感覚のズレを表した例として、大学生が「彼の家に、どう行けばいいか分からない」のつもりで、

50　第4章　基本動詞・助動詞を使いこなす

I don't understand how I can **go** to his house.（どうして私が彼の家に行ける〈という〉のか理解していない）

と書いた英文が挙げられます。私は、これを

　　I don't know how to **get** to his house.

と訂正しました。

　多くの大学生は、日本語の「分かる」を英語で表現する場合、条件反射的にunderstandという英語を使い、日本語の「知る」を表現する場合、knowを使ってしまう傾向がありますが、ここでは別の問題を取り上げます。それは、**get**という動詞の役割に対する誤解です。

　まず、英和辞典を見れば分かるように、**get**には数え切れないほどの意味がありますが、英文を読んでいるときに**get**に出合えば、多くの大学生は「獲得する、入手する」と受け止めてしまいます。外来語として日本語に定着した「ゲット」の存在がそれだけ大きいからでしょう。

　私が大学で受け持っている「ジャズ・スタンダードの歌詞」がテーマのセミナーでは、最初に取り上げる歌は、ジョージ・ガーシュウィン作曲の"I **Got** Rhythm"です。私は、受講する学生にこのタイトルの意味を訊いたことがありますが、全員そろって「私はリズムを**得た**」と訳しました（"Google翻訳"も同じ結果を出してきます）。本当は"I **Got** Rhythm"は"I've **Got** Rhythm"のくだけた形で、「私にはリズムが**ある**；私はリズム感を**持って**

いる」という意味を表しています。

　もちろん、「get＝獲得する；入手する」という固定観念は、あくまでも英文を読むときの問題であり、書くときにはそれほど問題になりません。たとえば、大学生はよく、

　　Yesterday, I **got** a new bike.（昨日、私は新しいバイクを手に入れた）

というようなことを書いてくることが多いのですが、もちろん、まったく正しい英語です。これは書き手が「got＝獲得した；入手した」という意味を伝えようと思っているわけですから、当然と言えば当然です。

　問題は、その他の意味でgetを使用するのがふさわしいときに、それをほとんど使わないということにあります。

　たとえば「私がどのように**家から**大学に通っているかについて書きます」ということを英語で表すには、getが最適です。つまり、

　　I will write about how I get to the university from home.

と書けばいいのです。

　しかし、多くの大学生は、

　　I will write about how I **come** to the university from home.

のように書いてしまいます。「大学に通う」という英語は、come toやgo toしか思いつかないわけです。しかし「私がどのように

大学に通っているか」という話の場合、それは「学校に行く」とか「来る」ということではなく、「学校に行くプロセスそのもの」が焦点です。そして、その「プロセス」を述べるのはgetの仕事なのです。

　もちろん、たとえば、

　　Tomorrow, I am going to **come** to the university at 10:00.
　　（明日、私は10時に大学に来る予定です）

なら、いつ大学に着くつもりかを述べており、どのようなプロセスで大学まで行くつもりかを述べているわけではないので、**come**でいいのですが。

　日本語にはない使い分けなので、それに対する大学生の意識がそもそも低くてもおかしくないのかもしれませんが、そうした使い分けが存在しないかのように教わっている人もいるようです。ある中学１年生用の英語教科書には、こんな会話が登場します。

　　A: How do you **come** to school?
　　B: By bus.(*3)
　　A: あなたはどのようにして学校に来ますか？
　　B: バスで来ます。

あるいは、別の中学１年生用の英語教科書でも、「公園に行こう」と考えている生徒同士の会話に、こんな質問が出てきます。

　　Raj: How can we **go** to Midori Park?(*4)

この英語は、「Midori Parkにはどう行けばいいか？」という意味ではなく、「いったいどうしたらMidori Parkに行けるというのか」や「Midori Parkに行けるもんか」などのように、反語的な意味を持ちます。つまり、

> We can't **go** to Midori Park!（私たちは、Midori Park には行けません！）

ということを表しているのです。「どう行けばいいか？」という意味を表したいなら、

> How can we **get** to Midori Park?

と書けばいいのです。

なるほど、大学生が英作文で自信を持って

> I will write about how I **come** to the university.

と書いてしまうわけです。

be going toとwillを使い分ける

「これからの話」を示す**be going to**と**will**の使い分けも時々問題になります。私が持っている中２用の英語教科書では、**be going to**の用法は、

> 「〜する予定です」と前もって決めていることを言うときは、〈am［are, is］going to + 動詞の原形〉の形を使います。(*2)

のように正確に説明され、willの用法についても、

　「〜しようと思う」と今この時点で決めたことを言うときは、〈will + 動詞の原形〉の形を使います。(*2)

というように正確です。しかし、その具体的な用例として、たとえば「私は来年オーストラリアを訪ねる**予定**です」のつもりで書かれたとしか思われない、

　I **will** visit Australia next year.(*2)

や、「私は今日午後マイクの家に行く**予定**なので、（自分の）家にはいません」のつもりで書かれたとしか考えられない、

　I**'ll** go to Mike's house this afternoon. So I **won't** be at home.(*2)

のような言い方が紹介されたりしています。**予定**を表すなら、

　I **am going to** [**plan to**] visit Australia next year.

　I**'m going to** go to Mike's house this afternoon and **won't** be at home.

のような表現にします。
　あるいは、中３用の英語教科書にも同様の問題が見られます。たとえば、ホノルル行きの飛行機に乗っている「隆志」と「客室乗務員」との会話でこんな言い方が登場します。

55

隆志: What time **will** we arrive at Honolulu International Airport.

客室乗務員: We'll arrive there at 9:30 Friday morning.(*1)

これは「到着**予定**時刻」の話なので、**will**の出番ではありません。厳密に言えば、**be going to**の出番でもありません。というのも、実際問題として、予定時刻表の通りぴったり着く国際便などめったになく、**be going to**を使うほどはっきり決まっていることではないからです。9:30は「到着**予定**時刻」といっても、それはあくまでも現時点で予想されている時刻にすぎないので、正確には、

隆志: What time **are** we **scheduled** [**supposed**] **to** arrive at Honolulu International Airport. (我々は何時にホノルル国際空港に到着する予定になっていますか?)

客室乗務員: We're **scheduled** [**supposed**] **to** arrive at 9:30, Friday morning. (金曜の朝9時30分に到着する予定です)

というような言い方になります。

　中2用の英語教科書にも同様の問題が見られます。たとえば、航空機の乗客同士の会話には、こんな英語が出てきます。

Taku: Excuse me. **Will** we arrive at 9:15?

Woman: No, we won't. We'll arrive at 9:50.(*5)

直し方は、上記の「ホノルル行き」の例に見られた訂正と同じです。

must = have toではない!?

　使うべき動詞を選ぶときに、文体まで考えることもあります。たとえば、大学生の書いた英作文では、

> We **must** take Chinese, too, but I don't want to take it. I really hate Chinese.（私たちは、中国語の授業も受けなければならないのだが、私はそれを受けたくない。私は中国語が大嫌いなのだ）

という文法的には完璧なセンテンスに出合ったことがありますが、私は、その"We **must** take Chinese"を"We **have to** take Chinese"と書き換えるように勧めました。
「〜しなければならない」ことを示す**must**という助動詞は、改まった感じが強く、演説やきわめて硬い文章なら頻繁に使われますが、ふつうの会話や特別に改まっていない文章には出てきません。出てくるのは、**have to**です。
　たとえば、「もっと勉強しなければならない」といった趣旨を述べることは誰でもよくあることでしょうが、私はこれまでの長い人生で、

> I [you, he, she, they] **must** study more.

のように、**must**を使って述べたことは一度もありません。

> I [you, he, she, they] **have to** study more.

なら、いくらでもありますが……。

---

be scheduled [supposed] to = 〜する予定になっている　　hate = 嫌悪する

学生の、

> We **must** take Chinese, too, but I don't want to take it. I really hate Chinese.

の場合、文体が全般的に軟らかく、口語的なので、**must**は全然合いませんが、どうしても**must**を使いたいのなら、たとえば、

> We **must** take Chinese as well, though I am loath to do so. I genuinely detest the language.

などのように、同じ意味を、**must**に合う硬い文体で述べればいいのです。

もちろん、改まった言い方の多い演説には、「〜しなければならないこと」を示す**must**がふつうに使われます。たとえば、

> Ladies and gentlemen, the government **must** prevent the spread of the Ebola virus!（みなさま、政府はエボラウイルスの蔓延を防止しなければなりません！）

のような場合なら、まったく問題ないのです。

混乱する「義務」「命令」「必要性」

私が持っている中２用の英語教科書では、肯定文における**must**と**have to**の用法が次のように説明されています。

「〜しなければならない」と**義務**や**命令**について言うときは、

〈**must** + 動詞の原形〉の形を使います。

「〜しなければならない」と**必要性**や**義務**について言うときは，〈**have to** + 動詞の原形〉の形を使います。(*2)

正直言ってこの説明では、日本の中学生は迷ってしまうでしょう。

私は、これを読んで、まず「**義務**の場合ならどちらでもいいが、**命令**の場合は **have to** ではなく **must** を使い、**必要性**の場合は **must** ではなく **have to** を使う、と言っているのか」と追及してみたくなります。また、中学生のほうも「**義務**や**命令**の場合でも、そこには**必要性**も存在するのでは？」という疑問を抱いてもおかしくないでしょう。

では、上記の説明をベースにした用例として、どんなものが教科書にあったのでしょうか。まず、腹が減っていて夕食前にスナックを食べたがっている子どもに、母親が「ダメ。夕食まで待ちなさい」という場面で、

No, you **must** wait.(*2)

という英語が紹介されてしまっています。私は、両親に命令されっぱなしの子ども時代を送ってきたのですが、そんな父や母でも命令するときに **must** という語を使ったことなど一度もありません。本当は、こうした場面では、

No, you **have to** wait.

が自然な表現になります。

---

be loath to = 〜するのが嫌である　genuinely = 本当に、心から
detest = ひどく嫌う　prevent = 防ぐ　spread = 蔓延、拡散
virus = ウイルス（発音 [váiərəs]）

また、上記の"... you **must** wait"に対して、Janeという女性の誕生パーティーが話題となった別の場面では、「私たちは、彼女にバースデーケーキを買わなければいけないのでしょうか」といった趣旨が、

　　Do we **have to** buy a cake for her？(*2)

と表現されています。「なるほど、前者の"**must** wait"は**命令**、後者の"**have to** buy"は**必要性**、という使い分けなんだ」と中学生が思い込んでしまっても無理はありません。

　言うまでもなく、上記の説明は肯定文における**must**と**have to**の本当の使い分けとはまったく関係ありません。**must**か**have to**かの問題は、あくまでも表現の硬さの度合いによるものにすぎないのです。

　ちなみに、「**義務**」と言えば、日本国憲法の「三大**義務**」（保護する子女に普通教育を受けさせる**義務**＜26条2項＞と 勤労の**義務**＜27条1項＞と納税の**義務**＜30条＞を思い出しますが、その"英語版"である、

　　Article 26. All people **shall be obligated** to have all boys and girls under their protection receive ordinary education as provided for by law.
　　第二十六条　すべて国民は、法律の定めるところにより、その保護する子女に普通教育を受けさせる義務を負ふ。
　　Article 27. All people shall **have** the right and **the**

60　第4章　基本動詞・助動詞を使いこなす

obligation to work.

第二十七条　すべて国民は、勤労の権利を有し、義務を負ふ。

Article 30. The people **shall be liable** to taxation as provided by law.

第三十条　国民は、法律の定めるところにより、納税の義務を負ふ。

には、**must**と**have to**のいずれも登場しません。「義務」を英語で示す場合、**must**や**have to**を使う必要は特にないのです。

---

be obligated to = 〜する義務がある　protection = 保護　receive = 受け取る
ordinary = 普通の　provide = 規定する　right = 権利　obligation = 義務
be liable to = 〜に対する義務がある　taxation = 課税、徴税

第5章 仮定法の基本を理解する

英語で"最も難しい"と日本人に思われている
文法事項はおそらく仮定法でしょう。
そのせいか、英語教育でも
仮定法の学習は後回しになってしまっています。
しかし結果として、ごくふつうで
自然な表現をすることが不可能になっているのです。
この章でしっかりその用法を確認してみましょう。

教科書にのしかかる制約

　大学生が書く英文に触れて抱く大きな違和感の1つに、仮定法を一切使用しないことがあります。もちろん、みんな「would like to＋動詞の原形」という用法は知っていて使っているのですが、もとよりこれが仮定法だと意識して使っている人はほとんどいないでしょう。

　仮定法に対する意識が低い理由は2つ考えられます。まず、日本語には同様の文法的な用法がないことです（もちろん英語の仮定法が意味するものと同様のことは、日本語であってもまったく勘違いされることなく伝えられますが）。

　もう1つは、would like toの用法を除いた仮定法が、高校の1年生、つまり中学校で英語を習い始めて4年目になるまで、教科書で紹介されないということです。それまでの授業においては、

　　「私だったら、行くよ」

という日本語にあたる英語を紹介してはいけないことになっています。具体的に言えば、この日本語の意味に相当する、

　　If I **were** you, I'd go.

という英語は「仮定法過去形」の用法なので教科書に載せてはいけないのです。

　これでは、会話であろうが文章であろうが、自然な英語で物事を表現することがほとんど無理になってしまい、中学校の英語教科書の筆者に非常に大きな制約としてのしかかってきます。その

結果、文科省が認可した教科書でも、不自然な英語、あるいは存在しない英語が日本の中学生に紹介されてしまうケースが珍しくありません。

　また、高校1年生では仮定法を習うといっても、どうやらなるだけ"後回し"にされる傾向があるようです。参考までに、ここで1つだけ高校生の教科書から興味深い例を紹介しましょう。以前、高校1年生用の英語教科書の前半部分で下記のような妙な文章を見かけたことがあります。導入部分には、「1970年、アイオワ州ライスビルにある小学3年生担当のジェーン・エリオット先生は、差別についての面白い授業をしました」という英語での説明があり、次の英文が続きます。

　　Ms. Elliot took a few steps toward the door and then turned to ask, "How **do** you **feel** if someone judges you by the color of your skin？"

　　"Would you like to know？" Ms. Elliott asked.[*6]

この一見英語らしきものは、存在し得ない英語なので、驚かされます。特に、そのHow do you feel if ...？とWould you like to know？という2つの文は、気持ちが悪いとしか言いようがありません。

　無理に日本語に訳してみれば次のようになるでしょうか。

　　エリオット先生はドアのほうへ2、3歩踏み出し、振り向いて「もし誰かが君たちのことを肌の色で判断することがあっ

judge = 判断する　skin = 肌

たとすれば、君たちはいつもどう思っていますか」と訊ねた。
　　「知りたい？」とエリオット先生は訊ねた。

　この英語が言わんとしていることを確認するために、私は「ティーチャーズ・マニュアル」を参照しました。そこには以下の「模範訳例」が記されていました。

　　「もしだれかがあなた［人］のことを皮膚の色で判断したらあなた［その人］はどう感じるでしょうか」「知りたいでしょうか」

　　「肌の色で判断されたらどんな気持ちがするかわかる？」「その気持ちを知りたい？」(*7)

残念ながら、元々の英語は模範訳例のどちらの意味にもなっていません。模範訳例の意味を表したいなら以下のような英語にする必要があります。

　　Do you know how you **would feel** if you **were judged** by the color of your skin? Would you like to know what the feeling **would be** like?

この文は、「もしも〜がある**とすれば**」というように、あくまでも想定にすぎないことを表そうとしているわけですから、当然のことながら、仮定法を用いています。仮定法を用いずには表現できない話なのです。
　上記の例が載っていたのは、教科書の前半部分のLesson3です。

残念ながら、高校生になっても仮定法の紹介はすぐには"解禁"されないようです。

仮定法なしでは英語にはならない

　仮定法と言えば、以前、ある英会話学校のテレビCMで使われた"I wish I **were** a bird"という表現がありますが、中学校の英語では、「鳥になれたらいいのに」という表現さえ、教えてはいけないことになっています。しかし、重要性の度合いから判断すれば、仮定法は遅くても中学の2年目までに紹介されるべきだと私は考えます。

　私が受け持っている授業で出合う大学生の英作文には、次のような文章が実に頻繁に見られます。

> I want a **new computer**. If I **have** money, **I will buy** a **new computer**. **But** I don't have **money**. **So** I can't buy a **new computer**.

これを書いた学生に訊いてみると、この文で「新しいパソコンが欲しくて、金があれば買うが、それがないので買えない」ということを伝えたかったそうです。

　ここに見られる、

(1) 代名詞を使わず、同じ名詞を繰り返して使う（ここでは **new computer** 3回、**money** 2回）

(2) 1文にまとめても大して長くならない話を、複数の短い文

に切って書く（ここでは4つの文）
　(3)明らかに事実と反することを想定している場合でも、それを表現するために、ifは使うが、仮定法は使わない（ここでは If I **have** money, I **will buy**....）

という3つが学生の書く英作文の特徴として挙げられます。
　訂正としては、たとえば、

　　I want a new computer, **and** if I **had** money, I **would** buy **one**, but I **don't**, so I **can't**.

と書き直せば、3つの特徴がなくなりますが、考えてみれば、最後の"but I **don't**, so I **can't**"は不要です。というのも、"if I **had** money, I **would** buy **one**"の**仮定法**の使用だけで「実際には金がなくて買えない」ということがすでに表されているからです。結局、

　　I want a new computer, **and** if I **had** money, I **would** buy **one**.

で伝えたいことが十分に表現されます。
　上記の特徴(1)と(2)は、文法的に間違っていなくても"幼い"印象を与えてしまうので避けたいものですが、(3)はもっと根本的な問題です。

仮定法は英語の基本

　たとえば、学生がメールで「彼女は、風邪をひいていなければ、パーティーに行けるのに」のつもりで書いた、

　　If she **doesn't have** a cold, she **can** go to the party.

という英文を考えてみましょう。

　この学生がメールで本当に伝えたい趣旨は「彼女は風邪をひいてしまって残念ながらパーティーには行けない」ということなのに、上記の英文の意味は「彼女は（風邪をひいているかどうか私に分かりませんが）もしひいていなければ、パーティーに行けるはずだ」となってしまっているのです。
「彼女は、風邪をひいていなければ、パーティーに行けるのに」という場合、<u>明らかに事実と反することを想定している</u>（つまりこの場合、<u>「彼女は、本当は風邪をひいているが、もし仮にひいていないとすれば」という想定をしている</u>）ので、それを英語で表現するためには**仮定法**しかありません。つまり、

　　If she **didn't have** a cold, she **could** go to the party.

という言い方になるのです。これは、英語としては、まさに<u>基本</u>的な使い分けです。

　具体的に言えば、

　　<u>If she **doesn't have** a cold</u>, she **can** go to the party.

のように、「If～（＝**条件節**）」の動詞が仮定法ではなく、**直説法**

（ここでは **doesn't have**）となっている場合、そのIf～節の条件が満たされている可能性が十分にあるつもりで述べられていることになります。上記の英文では、その条件とは「風邪をひいていないこと」なので、「条件が満たされている可能性が十分にある」ということの意味は、「彼女は風邪をひいていないかもしれない」になります。つまり、「もし、ひいていなければ、パーティーに行けるはずだ」という話なのです。

一方、

<u>If she **didn't have** a cold</u>, she **could** go to the party.

のように、「If～節（＝**条件節**）」の動詞が**直説法**ではなく、**仮定法**（ここでは **didn't have**）となっている場合、その条件が満たされていないつもりで述べられていることになります。この英文では、「風邪をひいていないこと」という条件が満たされていないという意味は「彼女は風邪をひいてしまっている」ということになります。つまり、「もし、ひいていなければ、パーティーに行けるのに……」という話になっているのです。

確かに、<u>If she **doesn't have** a cold</u>, she **can** go... . と<u>If she **didn't have** a cold</u>, she **could** go... . は、日本語の観点からは似たようなものに思えるかもしれませんが、だからといって、これほど大きな意味の違いがある使い分けを無視するわけにはいかないでしょう。まるで英語には仮定法がないかのように英文を書いてしまうと、伝えたいことが伝わるはずがないのです。

仮定法禁止の中2教科書

　ところが、日本の中学の英語教科書にも同様の問題が見られます。たとえば、中2用の教科書には、ストリート・チルドレンの女の子が「私が**金持ちだったら**、ストリート・チルドレンのみんなに食べ物と衣服と愛を与えてあげる」と言う場面があります。これも明らかに事実と反することを想定しているわけなので、英語で表現するには**仮定法**しかないのですが、教科書では、女の子のその発言は、**直説法**を使って、

　　If I'm rich, I'll give all the street children food, clothes, and love.(*2)

となってしまっています。この英語の意味は「私が（金持ちであるかどうか分からない［＝金持ちである可能性もある］が）もし金持ちであれば、ストリートチルドレンのみんなに食べ物と衣服と愛を与えてあげる」です。自身も路上生活者である少女のセリフとは思えません。このように、**仮定法**の存在を無視して英語で文章を書くと、読み手をびっくりさせてしまうような内容になりかねないのです。

　当然のことながら、家のない女の子が言う「私が**金持ちだったら**、ストリートチルドレンのみんなに食べ物と衣服と愛を与えてあげる」は、あくまでも「もし金持ちだったら」という事実と反することを想定している話なので、それを英語で書くなら、**仮定法**を使って、

> If I **were** rich, **I'd** (= I **would**) give all the street children food, clothes, and love.

のようにすればいい。しかし、これは**仮定法**を使ってはいけない中2用の教科書なので、こういう例を書こうとしたのがそもそも無理な話だったのです。教科書を作るときに、最初からそんな文を入れないように考慮するのは当然なのではないでしょうか。

茅ヶ崎に住む理由は仮定法で

私が受け持っている授業で、神奈川県茅ヶ崎市の実家から通っている大学生が「もし、僕が東京に住んでいたら、美しい海を毎日見ることはできないでしょう」のつもりで、こんな書き方をしたことがあります。

> If I **live** in Tokyo, I **can't see** the beautiful ocean every day.

この文が登場した彼の英作文は「東京にある大学の近くに住むよりも、はるばる茅ヶ崎から通うほうがいいと思っている理由」を述べようとしたものでしたが、If I **live** in Tokyo, ... のように**直説法**を使って書くと、実際に東京に住んでいる可能性があるということになってしまいます。

そこで、私はこの学生に次のように説明しました。この文の意味は「僕は（東京に住んでいるかどうか分かりません［＝住んでいる可能性もあります］が）もし、東京に住んでいるなら、毎日美しい海が見られません」という意味です。本当は○○くんが実

際に東京に住んでいるわけではないので、事実と反することを想定している事柄を表す**仮定法**を使って、

> If I **lived** in Tokyo, I **couldn't** [**wouldn't be** able to] see the beautiful ocean every day.

と書くべきです、と。が、どういうわけか、彼が次に書いた英作文にも同じ問題が起こりました。

その作文には、なぜ自分が人に**ウソをついた**のかについて説明する箇所があったのですが、彼は、「……もし僕が彼女に本当のことを言ったら、彼女は絶対に怒ってしまったはずだ（から）」のつもりで、

> ... if I **tell** her the truth, she **will** surely **get** angry.

と、**直説法**を使っていました。これでは、違う意味になっています。なぜ違う意味なのかは、以下の文脈を見れば分かるはずです。

> I wanted to tell her the truth. But if I **tell** her the truth, she **will** surely **get** angry. So I told her a lie.

この英文で学生が伝えたかったのは、「僕は彼女に本当のことを言いたかったが、本当のことを言ったら、彼女は絶対に怒ってしまうから、ウソをついた」ということでした。つまり実際には本当のことを言わなかったので、「本当のことを言ったら」というのは事実と反する想定です。**仮定法**の出番なのです。そのうえ、これまでの例とは違って、今回の話は、すべて**過去**にあったこと

---

ocean = 海、大洋　　truth = 真実　　surely = 必ず、確かに

なので、

　… if I **tell** her the truth, she **will** surely **get** angry.

の訂正は、

　… if I **told** her the truth, she **would** surely **get** angry.

ではなく、**過去**にあったことを示す**仮定法過去完了形**を使って、

　… if I <u>**had**</u> **told** her the truth, she **would** surely <u>**have got**</u> angry.

と書き直すことになります。

　なお、さらに単語の繰り返しと文章がぶつ切りになっている問題まで考えて添削すれば、最終的に、

　I wanted to tell her the truth, but if I **had done** that, she **would** surely **have got** angry, so I told her a lie.

のように書き直します。

　この学生が中学でどんな教科書を使ったかはあえて訊かなかったのですが、ひょっとしたら、**仮定法**が存在しないかのような"英文"が紹介されていたのかもしれません。

couldはcanの過去にあらず

　"I wish I **were** a bird"（鳥になれたらいいのに）のように、「If

節」のない**仮定法**を使った表現は数多くありますが、ほとんどの場合、それはwishの独特な用法ではなく、「**If～節」が省略されている**と考えていいものです。たとえば、

　　She **could win** the game.

という文を例に考えてみましょう。一見して、この文は「彼女はその試合に**勝てた**」という意味で受け取ってしまう日本人が少なくないかもしれませんが、決してそういう意味ではありません。「**彼女はこの試合に勝つ可能性がある**」ということを言っているのです。ここで省略されている「If～節」の内容は、いろいろ考えられますが、場合によって、たとえば、

　　If she really wanted to win, ... （勝ちたい気持ちが本当にあれば、……）

や、

　　If the refereeing were fair, ... （審判が公平であれば、……）

などがあり得ます。

　上記の、

　　She **could win** the game.

のような肯定文に登場する**could**は**仮定法過去形**であり、**can**のふつうの過去形ではありません。もし、実際に「彼女はその試合に**勝てた**」という過去の結果を伝えたいのなら、**be able to**を使

referee = 審判する　　　　　　　　　　　　　　　　　　　75

って、

　　She **was able to win** the game.

と述べればいいのです。

　この点は、日本の一般大学生にはほとんど認識されていないようです。たとえば、「私は、テニスサークルで友だちがたくさん**できた**」ということなら、たいてい、

　　I **could make** many friends in my tennis circle.

のように書いてしまいます。これは「私は、テニスサークルで友だちがたくさんできるはずだ」という意味になります。やはり **be able to** を使って、

　　I **was able to make** many friends in my tennis circle.

と述べることで、伝えたい意味が初めて伝わるのです。

　なお、英語ではcouldという語を仮定法過去形として使うために"取っておく"という習慣が強いので、たとえば、

　　I **could** swim 1500 meters in 25 minutes.

のような単独の文を見ると、その意味を「私は（そうしようと思えば）1500mを25分で泳げる」（仮定法過去形）と受け止めますが、もしそれが現在の話ではなく、過去の話であることをはっきり示す文脈があれば、仮定法は関係なくなります。たとえば、

76　第5章　仮定法の基本を理解する

> **When I was young, I could** swim 1500 meters in 25 minutes.（私は、若い頃、1500mを25分で泳げた）

という文なら、副詞節の"**When I was young,**"が過去を表す役割を果たし、couldはcanの過去形になります。

また、

> **I couldn't** find that watch.

のように**否定文**で使われている**could**に関しては、仮定法過去形として使うために"取っておく"という習慣が特にありません。ですから、前出のような副詞節がない場合、「私は探そうとしても、あの時計を見つけることが**できない**はずだ」（**仮定法過去形**）と、「私はあの時計を見つけることが**できなかった**」（**ふつうの過去形**）という意味のいずれも十分に考えられます。

wouldn'tとwon'tの大きな違い

　一般の大学生に十分に理解されていないと思われる**仮定法**のもう１つの使い方として、以下の会話が挙げられます。

> *Ayaka:* You should ask Mariko out.（まり子をデートに誘えばいい）
> *Atsushi:* She **wouldn't** go out with me.（彼女は僕とデートをしてくれるはずがない≪から……≫）

仮定法を使ったここでの、

She **wouldn't** go out with me.

は、どうやら、一般の大学生には、**仮定法**ではない、

She **won't** go out with me.

と同じように見えるようですが、ニュアンスはだいぶ違います。具体的には、**仮定法**を使って、

She **wouldn't** go out with me.

と言ったら「誘ってもどうせイエスと言ってくれないから、**誘うつもりはない**」というニュアンスがあるのに対して、**仮定法**を使わず、

She **won't** go out with me.

と言ったら「**誘ってみるかもしれない**が、どうせイエスと言ってくれないはずだ」という含みがあるのです。こうした違いは実生活においては大きい問題です。

なお、**仮定法過去形**の、

She **wouldn't** go out with me.

では、たとえば、

She **wouldn't** go out with me **no matter how I might try to persuade her**.（たとえ、どんなに説得しようとしても、僕とデートをしてくれるはずがない）

における"**no matter how I might try to persuade her**"のような部分が省略されていると考えてもいいのです。

いずれにしても、**仮定法**だと「彼女を誘ってみること」があくまでも**想定**されているだけなので、「実際には、してみるつもりはない」というニュアンスになります。

また、大学生の英作文で、「その会社に雇ってもらいたいが、どうせ私のような人間は雇ってくれないだろうから、申し込まないことにした」のつもりで書かれた、次のような文に出合ったことがあります。

> I **want** to be hired by that company. But they **won't** hire a person like me. So I decided I won't apply.

この大学生は、明らかに「**申し込んだとしても、どうせ雇ってくれないから**」というようなことを想定しているはずなので、

> I **would like to** be hired by that company, but they **wouldn't** ever hire a person like me, so I have decided not to apply.

というように訂正することを勧めました。

仮定法を使わない人生の選択

中3用の英語教科書に見られる似たような問題の例として、

> インタビュアー：……なぜ歌手活動をやめたのですか？

---

no matter = たとえ〜でも　persuade = 納得させる　hire = 雇う
apply = 申し込む

>アグネス：児童心理学を学びたかったから。歌手活動と学生生活を両立させるのはとても大変なことだったでしょう。だから、学生になることを選びました。

のつもりで書かれたらしい、

> *Interviewer:* ... Why did you stop singing?
> *Agnes:* Because I wanted to study child psychology. It **was** very hard for me to be a singer and a student at the same time. So I decided to be a student.[*1]

という英文にある、

> It **was** very hard for me to be a singer and a student at the same time.（歌手活動と学生生活を両立させるのはとても大変なことでした）

が**仮定法ではない**ため、アグネスの発言は全然前とつながっていません。つまり、アグネスは、実際に歌手活動と学生生活を同時にしようとしてみたわけではなく、同時にするのは無理だろうと想像し、歌手をやめて学生になったという話なのに、

> It **was** very hard for me ... .

では、「（実際に同時にしてみて）**大変だった**」という意味になってしまいます。訂正として、**仮定法**を使って、

> It **would have been** very hard for me to be a singer and a

student at the same time. I decided to be a student.

のように書き直せばいいのですが、**仮定法**を紹介してはいけない中3用の英語教科書では、それはそもそも無理な直し方です。実際問題として、最初からインタビューの内容を、**仮定法**を使わなくていいものにするしかないのです。

　なお、私がここで、元々の、

So I decided to be a student.

の**So**を削除した理由に関しては、第6章を読んでみてください。

相撲について説明をするか、しないか？

　なお、別の中学3年生用の英語教科書にも同じような問題が見られます。人間の「体内時計」についての話に、こんな英語が出てきます。

From the figure, we see that he can concentrate in the morning, but not after midnight. <u>On the other hand</u>, it is very difficult for him to <u>get up</u> at 2:00 in the morning, because his body is asleep.[*8]（図表を見れば分かるように、彼は、朝には集中できるが、午前0時以降だと、それができない。<u>その反面</u>、午前2:00に<u>起き上がる</u>のが非常に難しい。<u>それは彼の体が眠っているからです</u>）

まず、**仮定法以外**の問題を取り上げてみましょう。2番目の文の

psychology = 心理学　figure = 図表　concentrate = 集中する

"On the other hand, ..."（その反面、……）は、1番目の文の続きとしてまったくつながりません。ここでは、つながりの言葉としては "Also, ..."（それに、……）ならいいのですが……。

また、

> ... it is very difficult for him to get up at 2:00 in the morning, because his body is asleep.（午前2時には起き上がるのが非常に難しい。それは彼の体が眠っているからです）

の部分には次のような問題があります。

(1)≪「起き上がるのが非常に難しい」の理由として「眠っているからです」≫と言っているのが論理としておかしい。「何かに押さえつけられているから、起き上がるのが難しい」というような理由ならもちろんあり得ますが。

(2)「彼の**体**が眠っているから」のように、わざわざ「**体**」を主語にしている理由が分かりません。"because **he** is asleep"（**彼**が眠っているから）と書いてはいけないと思ったのでしょうか。

(3)「because節」の前にコンマ（「,」）を付けているのが英語の句読法の誤りです。

では、続いて、筆者が伝えたかったことを想像してみましょう。おそらく、「午前2時」頃は睡眠が最も深い時間帯なので、たとえ目覚まし時計が鳴ってもなかなか目が覚めない、という状態を説明しようとしていると考えられます。それなら、"**get** up"（起

き上がる）ではなく、"**wake** up"（目が覚める）という英語を使えばいいのです。また、「たとえ、彼には午前2時に起きる必要があっても、それはなかなか難しいだろう（＝なかなか目が覚めない）」といった趣旨を伝えようとしていることも考えられますが、そのような**想定**であるなら、

> ... it **would be** very difficult for him to wake up at 2:00 in the morning ... .

のように、**仮定法過去形**を使って表現するしかありません。これなら、「たとえ目覚まし時計が鳴ってもなかなか目が覚めないだろう」という想定をちゃんと表しています。しかし、これとは違って、現在形を使って、

> ... it **is** very difficult for him to wake up at 2:00 in the morning ... .

と書くと、**想定**ではなく、「彼は午前2時に起きようとすることが**実際にあるが**、難しい」というような**事実**を述べていることになってしまうのです。

あるいは、別の中3用の英語教科書では、「相撲を見にいってみないか」と誘われた人が、

> Sure. Thanks for inviting me. But I don't know much about sumo.(*9)（もちろん。誘ってくれてありがとう。けれど、私は相撲のことをあまり知らない）

83

と答えると、誘った人は、下記のように返します。

> It's difficult for me to explain sumo. But it's easy to understand if you see it.[*9]（私には、いつも相撲の説明は難しい。けれど、それを見れば分かりやすい）

ここでの "It's〔= It is〕difficult for me to explain sumo." の中の "**is**" の現在形が問題です。まるで「私は、相撲の説明をしようとすることがあるが、それはいつも難しいことだ」のような感じの英語です。別の例で言えば、たとえば、

> It **is** difficult for me to fall asleep at night.（私は、夜、寝つくのが難しい）

のような現在形の使い方です。"It's difficult for me to explain sumo." の筆者が、実際に「私は、相撲の説明をしようとすることがあるが、それはいつも難しいことだ」というような内容のセリフを書きたかったとは考えにくいです。そうではなく、「私が今あなたに相撲の説明をしようとしても、なかなかうまくできそうにないので、しない。が、わざわざ説明する必要もない。というのも、相撲は見れば分かるものなのだ」といったような内容なら、十分に考えられます。

もし「〜しようとしても難しいから、しない」というような話であれば、

> It **would be** difficult for me to explain sumo.

のように、**仮定法過去形**を使って表現する必要があるのです。

丁寧な感情を表す仮定法

　この章の冒頭で触れた「**would like to**＋**動詞の原形**」という形の仮定法も「**If〜節（＝条件節）」が省略されている**典型的なケースになります。たとえば、「私も行きたい」という気持ちを、

　　I **would like to go**, too.

と表す場合、それは **If possible**, ...（可能であれば、…）や **If you don't mind**, ...（もしよろしければ、…）などのような「**If〜節（＝条件節）」が省略されている**と考えていいのです。具体的に何が省略されているか、つまり、**省略された「If〜節（＝条件節）」の具体的な内容が何であるか**は、読み手［聞き手］の常識的判断に任せられます。これによって誤解が生じることもありませんし、日本語にも似たような現象があります。

　たとえば、日本語の場合、「近々**お話しできれば**、と思っております」のように、書き手［話し手］にとって「**お話しできれば**」という"条件"が満たされた場合に、**具体的にどうなるかは読み手**［聞き手］の常識的判断に任せられますが、これでもまったくさしつかえはありません。「お話しできれば**幸いです**」や「お話しできれば**うれしく思います**」といった趣旨に決まっているのです。

　同じ「**条件節**＋**主節（＝帰結節）**」の形で表現できることでも、

---

explain＝説明する　fall asleep＝寝入る　　　　　　　　　85

日本語では、たとえば「瀬戸さんにも**参加していただければ**と思います」のように「**帰結節**」が省略されるのに対して、英語では、たとえば、

 I **would be** happy to help.（≪もしよろしければ、≫喜んでお手伝いします）

のように「**条件節**」が省略されるのですが、いずれの場合でも、コミュニケーションがきちんと取れるものです。

 なお、上記の「喜んでお手伝いします」を英語で表すのには、仮定法を使わず、

 I **will be** happy to help.

のような言い方もありますが、これには「もしよろしければ、……」というようなフィーリングが入っていません。やはり、そうしたフィーリングが伝わってくる**仮定法**の、

 I **would be** happy to help.

のほうが軟らかく、丁寧に感じられます。同じように、たとえば「あなたも来てほしい」ということを表したい場合、**仮定法**を使わず、率直に、

 I **want** you to come, too.

と述べてもいいのですが、**仮定法**を使って、

I **would like** you to come, too.

と述べたほうが、**If possible**, ...（可能であれば、…）や **If you don't mind**, ...（もしよろしければ、…）といったようなフィーリングが入っているので、軟らかく、丁寧に感じられます。

第6章 人気者"so"の用法に関する誤解

接続詞のsoと副詞のsoは、
どちらも日本人が書いた英文に頻出します。
たった2文字の単語ですから使いやすいのでしょう。
しかし、残念ながら誤用であることが驚くほど多く、
添削のたびに文から消されます。
ここでその用法をきちんと理解しましょう。

日本人はsoが大好き

　日本の一般の大学生は"**so**"という英単語が大好きのようです。私が授業で出合う英作文では、"**so**"が実によく使われ、一度も使われない英作文はめったに見られません。残念ながら、その数多くの"**so**"の中で、添削を"生き延びる"ものはほとんどありません。

　問題になる"**so**"の用法には、2つの種類があります。1つは、たとえば、

　　I don't have an "iPad Air." **So** I want an "iPad Air."（私は「アイパッド エア」を持っていません。**だから**、私は「アイパッド エア」が欲しいと思います）

のように、**因果関係を表す接続詞**として使われる"**so**"です。上記の文を、

　　I don't have an "iPad Air," **but** I want one.（私は「アイパッド エア」を持っていません**が**、欲しいと思います）

のように訂正します。

　もう1つの"**so**"は、たとえば、

　　I think her cooking will taste **so** good.（私は、彼女の料理は**あまりにも**美味しいものになると思います）

のように、**very**（非常に）**の代わりに副詞**として使われてしまう"**so**"です。私はこの文を、

I think her cooking will taste **very** good.（私は、彼女の料理は**非常に**美味しいものになると思います）

のように訂正します。

soを使うほどの因果関係があるのか？

　では、まず、**接続詞のso**の問題を考えてみましょう。次の文は、大学生の典型的な**接続詞**の使い方を示しています。

I'm from Shizuoka. **So** I live alone in an apartment.（私は静岡出身です。**だから、当然なことに、**私はアパートで１人暮らしをしています）

このように、２つの文の"論理的関係"を表すために、２番目の文の冒頭に**So**を付けることが実に多いのです。上記の英文を書いた本人に訊いてみると、「私は、静岡出身なので、アパートで１人暮らしをしている」ということを伝えたかったそうです。

　因果関係を示す表現に関しては、日本語のほうが英語よりもだいぶ制限がゆるいようですが、私は"英語的論理"の縛りから脱却できていないせいか、日本語の「静岡出身なので、アパートで１人暮らしをしている」という言い方にも抵抗感を覚えてしまいます。私なら「静岡出身**であり**、今アパートで１人暮らしをしている」のように書き直したくなるのです。というのも、東京では静岡出身の大学生でも、アパートではなく寮や一戸建てに住んでいる人もいれば、１人暮らしではなく２人や３人で暮らしている

taste = 〜の味がする

人も少なくないからです。つまり、「静岡出身」だからといって、何も「アパートで1人暮らし」と決まっているわけではないのです。

　もちろん、この日本語をよく考えてみると「静岡の実家から東京の大学に通うのは無理**なので、実家とは別のところに住んでいる**」ということを言いたいのはよく分かります。しかし、たとえ「..., **so**～」を「……**ので、**～」と考えることにしたとしても、そうした論理が通るなら、

　　I'm from Shizuoka, **so** I live **alone in an apartment**.（私は、静岡出身**なので、アパートで1人暮らし**をしています）

ばかりでなく、たとえば、

　　I'm from Shizuoka, **so** I live in a **dormitory**.（私は、静岡出身**なので、寮**に住んでいます）

や、

　　I'm from Shizuoka, **so** I live with my older sister, who works at a company in Ōtemachi.（私は、静岡出身**なので、**大手町にある会社に勤めている姉と一緒に住んでいます）

などのように、何でも無意味に「..., **so**～」でつなげてもいいということになってしまうのです。

　　I'm from Shizuoka. **So** I live alone in an apartment.

において、「静岡出身」であることと「アパートで1人暮らしを

することの必然性」との間にある"論理的飛躍"は大きすぎます。
　ですから私は、この文を、

> I'm from Shizuoka, **and** I live alone in an apartment.

のように**and**を使って訂正します。どの英和辞典にも載っていることですが、接続詞の**and**には「［結果の意を含んで］それで、だから」を表す機能もあります。こうした **and** が示す因果関係は、日本語の「〜**だから**……」や「〜**ので**……」が示すものほど硬くないかもしれませんが、たとえば、

> I was tired **and** decided not to go. （私は疲れてい**て**、行かないことにした）

や、

> I love the music of the Beatles, **and** I listen to it often. （私はビートルズの音楽が大好き**で**、よく聴きます）

などのように、日本語の「〜**て**……」や「〜**で**……」と同様、"軟らかい"因果関係をちゃんと示します。英文を書くときに、このように機能する**and**は非常に便利な接続詞になるのです。

教科書に見られるsoの多用
　しかし、大学生の英作文と同じように、中学３年生用の英語教科書にも"何でも**so**でつなげよう"という傾向が見られます。

dormitory = 寮　company = 会社

たとえば、中学生同士の会話で、Lisaという人が「友だちのTaroから手紙をもらった」ことをクラスメートのMomokoに伝えたら、Momokoが、

> Where does he live? He doesn't live near here, right?^(*1)
> （彼はどこに住んでいますか？ この近くに住んでいるわけではありませんよね？）

と訊く場面がありますが、そこでLisaは、

> He used to live near me, but his father now works in Kagoshima. **So** he and his family now live in Kagoshima.^(*1)（彼は以前私の近くに住んでいましたが、今、彼の父親は鹿児島で働いています。**だから、当然なことに、**今、彼とその家族は鹿児島に住んでいます）

と答える英文が例として挙げられます。これも、**so**ではなく、**and**の出番です。具体的に言えば、父親が単身赴任を選ぶ場合もあり得ますから、「彼とその家族も鹿児島に住んでいる」ことは、**so**が示すほど"**当然の結果**"ではないのです。英語で言うなら、

> He used to live near me, but his father now works in Kagoshima, **and** he and his family live there, too.（彼は以前私の近くに住んでいましたが、今、彼の父親が鹿児島で働いており、彼とその家族もそこに住んでいます）

ということになります。

また、中2用の英語教科書にも、これと酷似する問題が見られます。たとえば、「自己紹介」の場面にこんな英語が出てきます。

> My name is Kim Jin. Please call me Jin. My father moved to Japan on business three weeks ago. **So** my mother and I came with him.(*10) (私の名前はキム・ジンです。ジンと呼んでください。3週間前に父が仕事で日本に引っ越しました。**だから**、母と私は一緒に来ました)

　当然のことながら、上記の「鹿児島」の例と同じように、**so**ではなく**and**の出番です。

> My father moved to Japan on business three weeks ago, **and** my mother and I came with him. (3週間前に父が仕事で日本に引っ越しをし、母と私も一緒に来ました)

と書けばいいのです。
　あるいは、第5章で取り上げた、

> インタビュアー：……なぜ歌手活動をやめたのですか？
> アグネス：児童心理学を学びたかったから。歌手活動と学生生活を両立させるのはとても難しいことだったでしょう。だから、学生になることを選びました。

ということを伝えるつもりで書かれたらしい、

> *Interviewer:* ...Why did you stop singing？

> *Agnes:* Because I wanted to study child psychology. It **was** very hard for me to be a singer and a student at the same time. **So** I decided to be a student.(*1)

という例も挙げられます。たとえ、**仮定法**を使って、アグネスのセリフを、

> It **would have been** very hard for me to be a singer and a student at the same time. **So** I decided to be a student.

というように直したとしても、この**So**の問題が残ります。というのも、歌手活動と学生生活を同時にするのは無理だろうと想像したからといって、それは何も**学生のほうを選ぶ理由**にはなりません。**どちらかを選ばなければならないだけ**なのです。言うまでもなく、「児童心理学を学びたかったが、歌手活動と学生生活を両立させるのは無理だろうと想像して、児童心理学の勉強をあきらめた」というような話も十二分に考えられます。そこで、たとえば、**So**を削除して、

> It would have been very hard for me to be a singer and a student at the same time. I decided to be a student.

のように書いてもいいし、あるいは、**and** を使って、

> It would have been very hard for me to be a singer and a student at the same time, **and** I decided to be a student.

のように書いてもいいのです。

soが含まれた多くの「残念な」英文

　中学1年生用の教科書にも、接続詞の**so**の不思議な使い方が見られます。たとえば、

> Debra is cheerful and active. / I like her.(＊3)（デブラは陽気であり、活動的でもあります。／私は彼女が好きです）

という比較的自然な述べ方になっている2文が出てくるページの下のほうに、

> Dilo is a brave dolphin. / He saves a man in this story. **So everyone loves him.**(＊3)（ディロは勇敢なイルカです。／この物語で1人の男を救います。／**だから、当然なことに、**みんなはディロを愛しています）

という3文が出てきます。なぜわざわざ"**So**"を付けたのか、私にはなかなか理解できませんが、もし、前出の"I like her"と同じように、"**So**"を付けなければ自然な述べ方になっていたのにと思わせる残念な英文です。

　しかし、こうしたシンプルな英文とは違って、中3用の英語教科書に載っている英文には、そう簡単には直せない例が多く見られます。たとえば、日本のアニメに関する話で、こんな文が出てきます。

---

cheerful = 陽気な　active = 活動的な　brave = 勇敢な　dolphin = イルカ

Some say, "American animation has action only, but Japanese *anime* has a message, or something to teach us. **So** I love *anime*."(*1)

この英文は、英語表現として分かりにくいところがありますが、おそらく、

「アメリカのアニメーション作品にはアクションしかありませんが、日本のアニメにはメッセージ、すなわち我々に何かを教えてくれるところがあります。**ですから**、私はアニメが大好きです」と言う人たちがいます。

のつもりで書かれたものでしょう。

　まずは「アメリカのアニメーション作品にはアクションだけで、メッセージがない」という内容には、事実と反する大きな問題があると思うのですが（ディズニーの作品にメッセージがないのでしょうか？）、それはさておき、ここに見られる英語表現を"英語らしく"直してみましょう。

　最初に、

American animation has action **only**, … .

の"**only**"の位置が気になります。おそらく、日本語で書く場合には「アクション**だけ**」という語順になりますから、単純に"action **only**"になっているのだと思いますが、これを、英語の自然な配置として、

American animation **only** has action, ...

のように直します。

続いて、「a message、**すなわち** something to teach us」のつもりで書かれたと思われる、

Japanese anime has a message, **or** something to teach us.

の"or節"の使い方ですが、このままですと、「a message、**もしくは** something to teach us」と言っているように感じられますので、これを、

Japanese anime has a message, **that is**, something to teach us.

のように直します。

最後に、

So I love *anime*.

の"**So**"を削除して、

American animation **only** has action, but Japanese *anime* has a message, **that is**, something to teach us. I love *anime*.

となり、さらに文脈まで考えてみれば、この文の要点は、アメリカのアニメーション作品と日本のアニメの**比較**にありますので、

I **love** *anime*.（アニメが大好きです）

を、

> I **prefer** *anime*.（アニメのほうが好きです）

のように直します。

　あるいは、中2用の英語教科書に載っている「エコツーリズム」についての話には、こんな英語が出てきます。

> Many people visit our rainforests. These visitors look at the trees and the animals. The rainforests need protection. **So** bridges connect the trees.(*11)（私たちの雨林を訪ねる人が多い。彼らは木と動物を見る。雨林は保護を必要としている。**だから**、橋が木々をつなぐ）

ここでの"The rainforests need protection."と"**So** bridges connect the trees."との間には、かなり大きな飛躍があります。この教科書を参考にするとおそらく、この英語で本当に言いたいことは「もし、木と動物を見にきた観光客が雨林の地面を直接歩いてしまったら、雨林の環境が破壊されてしまいかねない。それを避けるために、雨林の木々をつなぐように歩行者用の細い橋が架けられている」といったことでしょう。それを英語で述べるなら、たとえば、

> If tourists who had come to see trees and animals were to walk on rainforest floors, those rainforests might be damaged, and in order to avoid that, bridges connecting

trees have been built for tourist use.

というような書き方があり得ますが、もちろん、私が書いたこの英文は、仮定法過去形（If ... **were** to ... **might** be ... ）と、形容詞的に使われている現在分詞（ ... bridges **connecting** trees）の存在によって中学2年生が教わっている英語のレベルを超えています。しかし、だからといって教科書が英語を稚拙に簡略化していいということにはならないでしょう。原文は"The rainforests need protection."（雨林は保護を必要としている）ということから、いきなり"**So** bridges connect the trees."（**だから**、橋が木々をつなぐ）へと飛躍しています。そのうえこの文は、あたかも「橋」が自分から進んで「木々をつないだ」かのような意味になってしまっているのです。もし「エコツーリズム」について書きたいなら、せめて中学2年生のレベルに合わせたシンプルな内容の英語にすべきです。

なかなか直らないsoの多用

　不思議なことに、いくら授業で「因果関係を表す"so"」の不正確な使い方について注意しても、多くの学生は、学期末までその不正確な使い方をやめようとはしません。これは中学の英語教科書のせいばかりにはしていられないでしょう。たとえば、この問題で毎回英文を直されてきたある学生が、学期の最後に提出する英作文で、自分が所属するサッカークラブの活動について、こんな文を書いてきました。

rainforest = 雨林　protection = 保護　connect = 結ぶ、つなぐ
floor = 地面　damage = 傷つける、損なう　avoid = 避ける

> We had won for four years. **So** we must have won in the tournament.（私たちは 4 年間勝っていました。**だから、当然なことに、**そのトーナメントで勝ったはずです）

この学生に、意味不明であるこの英文で何を伝えようとしているのか訊いてみると、「私たちは、そのトーナメントで過去 4 年も続けて優勝してきた**から**、今回も優勝しなければなりませんでした」と述べたかったそうです。日本語でも論理的におかしいと思い、さらに追及してみた結果、「そのトーナメントで過去 4 年も続けて優勝してきて、今回も優勝したいという気持ちが強かった」という話になりました。そこで、上記の文を、

> We had won the tournament for the past four years, **and** we really wanted to win it this time too.

のように訂正しました。

　ちなみに、もし仮に、上記の文にはっきりした"因果関係"を示す表現を入れたいなら、日本語のヴァージョンは

> そのトーナメントで過去 4 年も優勝してきた**から**、今回も優勝したいという気持ちが強かった。

となり、英語のヴァージョンは、

> We had won the tournament for the past four years, **so** we really wanted to win it this time too.

になりますが、いずれのヴァージョンにしても、むしろ**逆**に「過去ずっと負け続けてきた場合」のほうが、"因果関係"を表す"**so**"を使うのにふさわしいと思われます。つまり、「そのトーナメントで過去4年も**負けてきたから**、今回は優勝したいという気持ちが強かった」ということを表す、

> We had **lost** the tournament for the past four years, **so** we really wanted to win it this time.

のほうが、理屈の流れとしては自然に感じられるのです。

同じように、たとえば、

> He was in another country on the day of the murder, **so** it couldn't have been he who did it. (彼は、その殺人があった日には、外国にいた**から**、彼がやったはずがない)

や、

> I don't have any money myself, **so** I can hardly loan you ¥100,000. (私だってお金が全然ない**から**、あなたに100,000円を貸してあげるなんて考えられない)

というような"固い"因果関係の場合なら、"**so**"の使用は問題ありません。

---

murder = 殺人　hardly = とても〜ない　loan = 貸す

veryの代用ではないso

続いて、**副詞**として使われる"**so**"の問題も考えてみましょう。次の文は、大学生が"**so**"を**副詞**として使うときの典型的な例を示しています。

> My mother was **so** anxious that I should come home for the New Year.（私の母は、私がお正月に家に帰ることを**あまりに**願っていました）

大学生はよくこのように"**so**"を単純に**very**（＝非常に）の代わりに使ったりしますが、「程度を表す副詞のso」の基本的な役割は別にあります。具体的に言えば、そうした副詞の"**so**"は、《**so 〜 that...**》＝「〜する［である］**ほど**……する［である］」という使い方が基本です。たとえば、

> My mother was **so** surprised [that] she fainted.（母はあまりの驚きで気絶してしまいました＝母は気絶してしまう**ほど**驚きました）

というような使い方が典型です。

また、「〜する［である］**ほど**……する［である］」の構文でも、「**that**節」が省略される場合もあります。それは、たとえば、

> She is **so** beautiful！（彼女はあまりにも美しくて！）

のように、感嘆符の［！］が付けられるほど「感嘆する気持ち」を表す場合に使われるケースです。こうした場合には、省略され

104　第6章　人気者"so"の用法に関する誤解

ている「**that**節」の具体的な内容（つまり「具体的に**どれほどか**」）は、読み手［聞き手］の常識的判断に任せられます。上記の例に関しては、たとえば、

> She is **so** beautiful **that** I can't stand it.（彼女はあまりにも美しくて、たまりません）

などのように受け止められるのがふつうです。

しかし、学生の、

> My mother was **so** anxious that I should come home for the New Year.

の**so**の使い方は、上記のいずれの場合にも当てはまらないので、おかしい。

> My mother was **very** anxious that I should come home for the New Year.（私の母は、私がお正月に家に帰ることを**とても**願っていました）

と書けばいいのです。

なお、中1用の教科書では「絵はがきの文」としてこんな"不思議な英語"が紹介されています。

> I'm in London now. It took 14 hours by plane. The earth is **so** small.(*12)（私は今ロンドンにいます。飛行機で14時間かかりました。地球は**あまりに**小さいです）

---

anxious that =（〜ということを）切望する
faint = 気絶する　　stand = 我慢する

これまでの例と同様、ここでの3番目の文の**so**を**very**にして、

 The earth is **very** small.（地球は**非常に**小さい）

と直す必要がありますが、私なら、内容も変え、

 It took 14 hours by plane. The earth is very **big**.（飛行機で14時間もかかりました。地球は非常に**大きい**です）

と書き直したくなります。

 大学生の英作文では、「≪**so〜that...**≫＝「〜する［である］ほど……する［である］」という形に出合うこともなければ、感嘆的に使う「〜**so ...！**」という形に出合うこともありません。よく見るのは、たとえば、「私の家の非常に近いところに、コーヒー・ショップがあります」のつもりで書かれた、

 There is a coffee shop which is **so** close to my house.

のような文ばかりです。そして、こうした文の**so**を削除して、

 There is a coffee shop (which is) **very** close to my house.

のように書き直し、**so**をやめて**very**を使うよう注意しても、どういうわけか、次回の英作文には、同じ"副詞の**so**"が登場します。また、文体の品質を向上させるために、**very**ばかりではなくたまには**extremely**や**exceedingly**、**particularly**、**especially**など使えばどうかと勧めてもあまり効果がありません。

 いずれにしても、「程度を表す副詞の**so**」の使い方に関しては、

中3用の英語教科書にも同じ問題が見られます。たとえば、前出の『かわいそうな ぞう』の話で、こんな文が出てきます。

> When an elephant keeper came to see them, they looked **so** weak.[*1]（1人の象担当飼育係が見に来たときに、象たちは**あまりにも**弱っているように見えた）

これも、やはり、感嘆符を使って「... they looked **so** weak！」にするか、もしくは「... they looked **so** weak **that** ... .」の形にするか、あるいは「... they looked **very** weak.」にしなければなりません。

　なお、もちろんのこと、決まり切った言い方では、**very**を強調するために **so** を使う用法、たとえば、

> Thank you **so** much for inviting me to next week's party.
> （来週のパーティーにお招きいただき、誠にありがとうございます）

というような用法もありますが、これはあくまでも独特な慣用表現です。この章の後半で見てきた**so=very**という誤った「ひとつ覚え」とは関係ない用法だと理解したほうが、正確な見方になります。

---

keeper = 飼育係、管理人

第7章 itとthatを使い分ける

前の文章や節を受けて「それ」という代名詞を用いる場合、
選択肢はitとthatがありますが、
日本人はひたすらitを使う傾向があります。
しかし、ときにはthatを使うべきケースもあるのです。
微妙な問題ですが、このポイントを理解すれば、
ネイティヴ・スピーカーの感覚に近づきます。

itとthatの微妙な使い分け

　日本語を母語とする人が書いた英文を添削するとき、**it**を**that**と書き直すことが実に多くあります。具体的に言えば、たとえば、私の授業の受講生が、「彼女は、オリンピックは大いに東京のためになると言いますが、それは間違いです」のつもりで書いた、

> She says that the Olympics will be very good for Tokyo, but **it** is wrong.

という文が典型です。これを、

> ... but **that** is wrong.

と訂正しましたが、その訂正の必要性を説明するのは非常に難しいことでした。

　上記の「**それは**間違いです」という日本語の用法と同じように、英語では**it**か**that**を使って、その前に出た句・節・文の内容を指すことがよくありますが、日本語を母語とする人間にとって、**it**を使うべきか**that**を使うべきかは判断の難しい問題のようです。

　確かに、それは少々微妙な選択になるケースもあるかもしれませんが、大雑把に言えば、**it**を使ったほうが物事について**一般的に述べる**ことになる、と言えます。たとえば、

> I like having a glass of *limoncello* after dinner. I think **it** is a superb custom.（私は夕食後にリモンチェッロを一杯いただくのが好きです。すばらしい習慣だと思います）

の場合、書き手［話し手］が「夕食後にリモンチェッロを一杯いただく」という習慣について**一般的に**述べているので、**it**が適切ですが、たとえば、

> 「食後にリモンチェッロを一杯いただこうと思ってるけど、どう思う？」／「それはいいね！」

という会話なら、

> "I'm thinking of having a glass of *limoncello* after dinner. What do you think?" / "**That** sounds great!"

と言い、"**It** sounds great!"とは言いません。この会話の場合、「どう思う？」と質問された人が、返事として「夕食後にリモンチェッロを一杯いただく」ことについて**一般的に**述べているのではなく、「今日の夕食後にリモンチェッロを一杯いただく」という具体的な案について述べているので、**that**が適切です。

同じように、たとえば、

> Having a dog is a good thing. **It** means you will never be lonely.（犬を飼うことはよいことです。それは、淋しくなることがまずなくなるからです）

の場合、「犬を飼うこと」について**一般的に**述べているので**it**が適切ですが、たとえば、「彼女は僕に犬を買ってくれた！　ということは、僕はもう淋しくなることなどないんだ」の場合であれば、一般的な話ではなく、これからの自分のみに関することなので、

---

wrong ＝間違った　limoncello ＝（イタリア語）レモンを用いたリキュール
superb ＝すばらしい、優秀な　custom ＝習慣
sound ＝〜のような印象を与える（動詞）　mean ＝〜ということを意味する（動詞）

> She bought me a dog! **That** means I'll never be lonely anymore.

と、**it**を使わず、**that**で表現します。

　同じような問題が中学3年生用の英語教科書に見られます。たとえば、こんな会話です。

> *Yuka:* I have a headache.
> *Cathy:* That's too bad. Let's go to the nurse.
> *Yuka:* **It**'s very kind of you.（*13）

由香が「私は頭痛がする」と言うので、キャシーは「それは困ったね。保健室に行こう」と答えます。問題は由香の2番目のセリフにある**It**です。これも、上記の「犬」の話の例と同じように、**That**にして、

> **That**'s very kind of you.（優しくしてくれてありがとう）

のように書き直すべきです。

「それ」と言えば、itしか使えない

　私が見ている限り、日本の一般の大学生は、どのケースであっても、ひたすら**it**を使う傾向が強いと言えます。たとえば、「私は、吉田兄弟の津軽三味線の演奏をテレビで観た。彼らはとてもかっこよかった！　**それ**は私が津軽三味線を習い始める理由になった」という内容を、

> On TV, I saw the Yoshida brothers play the *Tsugaru-jamisen*. They were very cool! **It's** the reason I started to learn *Tsugaru-jamisen*.

というように書いてきます。これは一般論の話ではなく、1回のみのケースを述べているので、thatを使って、

> **That's** the reason I started to learn *Tsugaru-jamisen*.

と書き直せばいいのです。

しかし、中2用の英語教科書にも同様の問題が見られます。たとえば、

> 武史：自分たちでチャリティー・イベントの計画を立てればいいじゃないですか。
> ウッド先生：**それは**名案だと思います。

といった趣旨の会話が

> *Takeshi:* Why don't we plan our own charity event?
> *Ms. Wood:* Yes. I think **it's** a great idea.[*2]

となってしまっている例が挙げられます。これは、前出の、

> "I'm thinking of having a glass of *limoncello* after dinner. What do you think?" / "**That** sounds great!"

という例と同じように、**that**を使って、

---

headache = 頭痛
go to the nurse = 保健室に行く（※直訳では看護師のところに行く）
cool = かっこいい　reason = 理由

Ms. Wood: I think **that's** a great idea.

とするべきです。

　あるいは、同じ教科書で、女の子が医者に「この頃父がちょっと変です」と相談し、「寝言を英語で喋ります。これまではそんなことはなかったのです」と説明しますが、それは、

He talks in his sleep in English. He never did **it** before.[*2]

という英語になっています。これも、一般論ではなく、ある特定のケースの話なので、やはり、**that**の出番であり、

He talks in his sleep in English. He never did **that** before.

というのが自然な英語表現です。

itでもthatでもなくthisの場合

　この問題は、中1用の英語教科書にも見られます。たとえば、「ライト兄弟が有人動力飛行に成功した1903年からたった66年後の1969年に、アポロ11号が歴史上初めて人類を月面に到達させたということは、すごいことではないか！」といった趣旨の話で、こんな英語が登場します。

People went to the moon only sixty-six years after that. Isn't **it** amazing?[*3]

これも、当然のことながら、

Isn't **that** amazing?

というのが自然な言い方です。

　なお、たまには、**it**でも**that**でもなく、**this**（これ）のほうが自然な言い方になるケースもあります。たとえば、中３用の教科書では「あなたにとって最も大事なことは何ですか？　これについてしばらく考えてみてください」という"教科書らしい"内容の話で、

What is the most important thing to you? Please think about **it** for a while.[*1]

という英文が登場します。これは多分に感覚の問題になりますが、英語では、

Please think about **this** for a while.

と述べたほうが自然な表現になります。日本語でも、たとえば、前の文に述べたことを「**それ**は……」と示すときもあれば、文脈によっては「**これ**は……」と示すときもありますが、どちらが自然に感じられるかはあくまでも感覚の問題と思われるケースが少なくないでしょう。

　上記の例のように、英語にもそうした"感覚による使い分け"が見られます。はっきりしたルールがあればいいのですが、残念ながら、言語の習得はそう単純なものではないのです。

　いずれにしても、これまで見てきた英語教科書における「**it**の

amazing = 驚くべき、見事な

使い方」を考えると、大学生が、たとえば「私は留学したいが、それは父に言えないことだ」のつもりで、

  I want to study abroad. But I can't say **it** to my father.

というような英語を書いてしまっても仕方がないでしょう。

 ちなみに、授業ではこの文を、

  I want to study abroad, but I can't tell **that** to my father.

というように訂正しました。

第8章 単語の無意味な「繰り返し」を防ぐには？

日本の大学生が書く英文の特徴に、省略可能な単語を
何度も繰り返すというものがあります。
稚拙な印象を与えてしまうのは避けられず、
ときには読み手をいらいらさせてしまう危険性も
あります。要らない語を取って、
より読みやすい文章にする方法を考えてみましょう。

読み手をいらいらさせる「繰り返し」

　日本の一般の大学生が書いた英作文を見ると、読み手をいらいらさせてしまう「単語の無意味な繰り返し」という特徴が目立ちます。たとえば、

> I am interested in Thailand. I have never **visited there**. But I want to **visit there**.（私はタイに興味を持っています。あそこを訪ねたことがありません。しかし、あそこを訪ねたいです）

のように書かれている文章が典型です。こうした英文を、

> I am interested in Thailand. I have never visited it, but I want to.（私はタイに興味を持っています。訪ねたことはありませんが、訪ねたいです）

のように訂正すれば、すっきりしてきます。

　残念ながら、日本の中学1年生用の英語教科書にも同じ特徴が見られます。たとえば、スコットランドで行われている「イルカ・ウォッチング」について、

> *Yuki:* ...The Moray Firth is famous for dolphin watching. A lot of people visit **there** every year.（マリー湾はイルカ・ウォッチングで有名です。毎年多くの人があそこを訪ねます）
> *Mike:* When do they usually visit **there**?[*3]（ふつう、いつあそこを訪ねるのですか？）

という会話が出てきます。ここでは、マイクの **there** の繰り返しは無意味で、不自然に感じられます。常識的に考えれば、由紀の

> A lot of people visit **there** every year.（毎年多くの人があそこを訪ねます）

を受け、話題になっている訪ね先はMoray Firthに決まっているので、

> When do they usually visit?（ふつう、いつ訪ねますか?）

のように、**there** なしで訊いてもいいのです。

なお、マイクの質問にある **visit** という語の繰り返しもなくして、たとえば、

> When do they usually **go**?（ふつう、いつ行きますか?）

のように述べれば、さらにすっきりする言い方になります。

名詞の繰り返しをいかに避けるか?

中2用の英語教科書にも同じ問題がよく出てきます。たとえば、こんな会話があります。

> *A:* I made some **sandwiches** for you.（私はあなたに**サンドウィッチ**を作りました）
> *B:* **Sandwiches**? What kind of **sandwiches** did you make?[*2]（**サンドウィッチ**ですか？ どのような**サンドウィ**

Moray Firth = マリー湾（スコットランド北東岸にある入り江）

ッチを作ってくれたのですか？）

この会話をもう少し自然に感じられるものにするために、まず、3番目の**sandwiches**とその前の**of**を省き、

> *B:* **Sandwiches**? What kind did you make?（**サンドウィッチ**ですか？　どんなのを作ってくれたのですか？）

で十分です。もちろん、そもそもBの「**Sandwiches**？（**サンドウィッチ**ですか？）」という質問も、あってもなくてもいいものなので、省いてもさしつかえありません。

　あるいは、同じ教科書には、白川郷の合掌造りの家が写っている写真について、こんな英文が登場します。

> You can see many people on the **roof**. They are replacing the thatched **roof**.
> A large amount of thatch is used on each **roof**.[*2]
> （その**屋根**の上には多くの人が見える。彼らは茅葺き**屋根**を葺き替えている。どの**屋根**にもたくさんの茅が使われる）

こうした**roof**の繰り返しは、まさに苛立ちを覚えてしまう、不自然なものです。私なら、この英文を次のように直します。

> The people on the **roof** are replacing its thatch. They need to use a large amount of thatch.（**屋根**の上にいる人たちは、その茅を葺き替えている。これには、たくさんの茅が必要である）

また、同じ白川郷の話では、

> The **snow** was about two meters deep. So all the houses were covered with **snow**.(*2) (その雪は2メートルほどの深さだった。だから、すべての家は雪に覆われていた)

という文もあります。これを、

> The **snow** was about two meters deep and covered all the houses.(雪は2メートルの深さで、すべての家を覆っていた)

に直せば、自然な英語表現になります。

「代名詞を使えない」現象

大学生が書いた英作文に見られる"繰り返し問題"では、確かに、

> Last week, I **joined** a tennis club. I decided to **join** because I like tennis. Also, if I **join**, I can make many new friends. (先週、私はテニスクラブに**入った**。**入る**ことにしたのは、テニスが好きだからだ。そして、**入れば**、たくさんの新しい友だちができるのだ)

のように、**動詞**が繰り返して使われるケースも少なくありません。が、それよりも、たとえば、

> I like **baseball**. I have played **baseball** since I was a child.

---

replace = 取り替える
thatch = 茅・わらなどで葺く(動詞)、茅・わらなどの屋根葺き材料(名詞)
amount = 量

> **Baseball** is my favorite sport.（私は**野球**が好きだ。子どもの時分から**野球**をやっている。**野球**は私のいちばん好きなスポーツだ）

のように、**名詞**が繰り返して使われるケースのほうが圧倒的に多く見られます。上記の**join**のような**動詞**の場合、繰り返しを避けるには、たとえば、

> Last week, I **joined** a tennis club. I like the sport and thought I would be able to make a lot of new friends.（先週、私はテニスクラブに**入った**。そのスポーツが好きだし、たくさんの新しい友だちができるだろうと思ったのだ）

のように、文章全体を考え、少し工夫して書き直す必要があるかもしれませんが、**名詞**の場合はたいていもっと簡単な"作業"になります。**代名詞**を使いさえすれば、ふつう繰り返しの問題はなくなるのです。たとえば、上記の**baseball**という**名詞**の場合、

> I like **baseball**. I have played **it** since I was a child, and **it** is my favorite sport.（私は**野球**が好きだ。子どもの時分からやっており、私のいちばん好きなスポーツだ）

のように、代名詞の**it**を使えばいいのです。

教科書に見られる"繰り返し問題"

しかし、大学生の英作文はともかくとして、日本の中学校で使

われている英語教科書にも、同じように「代名詞を使わず、名詞を繰り返して使う問題」が見られます。たとえば、中3用の教科書に載っている、1958年に大阪で世界最初の回転寿司店を開いた白石義明という人物についての英文が挙げられます。Patという男子中学生と、彼のクラスメートである大介の父親Mr. Okaとの会話に、こんな不自然な英語が登場します。

> *Pat:* Really? How did he get **the idea**?（本当ですか？　彼は**そのアイディア**をどのように思いついたのですか？）
> *Mr. Oka:* He got the **idea** when he saw bottles at a beer factory.[*1]（彼はビール工場で瓶を見かけたときに**そのアイディア**を思いつきました）

また、その下にも、

> *Pat:* That's great! **Mr.** Shiraishi was a man of **ideas**. His **idea** helped to make *sushi* more popular in the world.[*1]（それはすばらしいことです！　白石**さん**［様（?）］［氏（?）］はたくさんの**アイディア**のある人物でした。彼のその1つの**アイディア**は、寿司を世界でもっと人気のあるものにするのに役立ちました）

という、さらに不自然な英語が登場します。最初の会話のほうは、

> *Pat:* Really? How did he get **the idea**?
> *Mr. Oka:* He got **it** when he saw bottles at a beer factory.

favorite = いちばん好きな　　factory = 工場

のように、代名詞の **it** を使えば、繰り返しの問題がなくなり、比較的自然な英語になりますが、Pat の 2 番目のセリフはそう容易には直せません。まず、"That's great!" は、回転寿司店のベルトコンベヤーの速度が「ちょうどいい」ということに対する「感嘆文」ですが、場違いに大げさで不自然に感じられますので、省きたい。続いて、Shiraishi に **Mr.** が付いているのがきわめておかしい。この会話では、もし、2001 年に亡くなった白石義明がたまたま知り合いだったという話ならまだしも、ここでは **Mr.** という敬称を付けるのは英語の感覚ではあり得ないのです。

しかし、実は、この Mr. Oka と Pat の会話で **Mr.** が使われたのはこれが初めてではありません。冒頭には、こんな英語が出てきます。

> *Mr. Oka: Kaiten-zushi* has an interesting history. The first *kaiten-zushi* bar was opened by **Mr.** Shiraishi Yoshiaki, a *sushi* chef, in Osaka in 1958. It made *sushi* more popular in Japan.[*1]（回転寿司には面白い歴史があります。1958 年に大阪で、初めての回転寿司店が寿司職人の白石義明さん［様（？）］［氏（？）］の手によって開店されました。その店は寿司を日本でもっと人気のあるものにしました）

ここでの "was opened by **Mr.** Shiraishi Yoshiaki" の **Mr.** もおかしい。Mr. Oka は、白石義明の名前を、ある種の"歴史上"の人物名として知っているだけであり、生前の白石義明との間に、**Mr.** を付けるのにふさわしい関係があったわけではないのです。

この場合、"**Mr.** Shiraishi Yoshiaki"（白石義明**さん**［**様**（？）］［**氏**（？）］）とすべきではなく、

> The first *kaiten-zushi* bar was opened by **a**（**man named**）Shiraishi Yoshiaki, a *sushi* chef, in Osaka in 1958.

のように、「白石義明という人」を意味する表現を使って指し示すのが本当の英語です。同じようなことは、日本語でも当てはまるのではないでしょうか？

「Mr. Steven Jobs」がおかしいわけ

　しかし、それはそれとして、英語での**Mr.**や**Mrs.**や**Ms.**の使い方に対するこだわり方は、場合によっては、たとえば「ソニー**さん**の製品」とまで言ってしまう日本語での「**さん**」や「**様**」「**氏**」の使い方に対するこだわり方とは、まったく違います。2005年に、当時Apple社のCEOだったスティーブ・ジョブズがスタンフォード大学の卒業式で有名な演説を行ったのですが、その前に学長が彼を次のように紹介しました。

> It now gives me great pleasure to introduce this year's commencement speaker, **Steve Jobs**.（さて、今年の卒業式の講演者を喜んで紹介します。スティーブ・ジョブズです）

この"**Steve Jobs**"という呼び方は、英語の感覚ではごくふつうで無礼でも何でもありません。が、もし上記の教科書の"感覚"

introduce = 紹介する
commencement = 卒業式(｢始まり｣という意味もある)

で呼ぶとすれば、きっと"**Mr. Steven Jobs**"となっていたことでしょう（StevenはSteveのフォーマルな呼び方です）。

では、

> *Pat:* That's great！ **Mr.** Shiraishi was a man of **ideas**. His **idea** helped to make *sushi* more popular in the world.（それはすばらしいことです！　白石**さん**［**様**（？）］［**氏**（？）］はたくさんの**アイディア**のある人物でした。彼のその1つの**アイディア**は、寿司を世界でもっと人気のあるものにするのに役立ちました）

に戻りましょう。さらなる問題としては、これまでの話では白石義明の思いついたアイディアとしては、「回転寿司」という1つの発想しか紹介されていませんので、その続きの"was a man of **ideas**"（たくさんの**アイディア**のある人物でした）はいったいどこから来たのか不思議すぎます。内容的につながらないセリフとして省くべきです。また、sushiという語はだいぶ前から英語の語彙となっていますので、イタリック（斜体）を使って表記するのもおかしい。

結局、Patのこのセリフは、シンプルに、

> *Pat:* His **idea** helped to make sushi more popular in the world.

だけでいいことになりますが、もし、ここでの**idea**という名詞の使用も避けたいなら、これを、

126　第8章　単語の無意味な「繰り返し」を防ぐには？

Pat: **He** helped to make sushi more popular in the world.

のように書き直せばいいのです。

"要らない語"は省こう！

同じ教科書に見られる「繰り返し問題」として、たとえば、

Here is a **picture** drawn by Maruao, a 13-year-old boy in Tuvalu. This **picture** shows that it is important to stop climate change.[*1]（これは、マルアオという、ツバルに住んでいる13歳の少年によって描かれた**絵**です。この**絵**は、気候変動を食い止めるのが重要だということを示しています）

という例が挙げられます。言うまでもなく、2番目の文の"This **picture**"を"It"に書き直せばいいのです。

また、別の中3用の英語教科書に載っている「釧路湿原のツルたち」についての話には、こんな"繰り返しが多すぎる英語"も出てきます。

Many other plants and animals have lived in the Kushiro **Wetlands** since ancient times. But the 1970s were times of rapid economic growth in the area, and the **wetlands** were endangered. Many people worked hard to preserve the **wetlands**. In 1980, the **wetlands** were added to the Ramsar List.[*8]（古代より、他の多くの動植物が釧路湿原で生きてき

Tuvalu = ツバル：南太平洋にある9つのサンゴ島からなる国。もと英領
climate = 気候　wetland = 湿地　ancient = 古代の　rapid = 急激な
endanger = 危険にさらす　preserve = 保護する

ました。しかし、1970年代は急速な経済的成長の時代で、湿原が危機に陥りました。多くの人が湿原を守ろうと懸命になりました。1980年にその湿原は、ラムサール条約のリストに加えられました）

私なら、読み手をいらいらさせないよう、上記の英文を、

> Many other plants and animals have lived in the Kushiro **Wetlands** since ancient times. During the rapid economic growth of the 1970s, however, the **wetlands** became endangered, and many people began working to preserve **them**. In 1980, **they** were added to the Ramsar List.

のように書き直します。

　なお、読者をいらいらさせる"要らない語"には、繰り返されるものばかりでなく、たとえば、別の教科書には、こんな英語が登場します。

> He was shocked to see a lot of **sick** people who were suffering from hunger and **illnesses**.[*1]（彼は、飢餓と**病気**で苦しんでいるたくさんの**病気**の人を見て驚いた）

こうした文を見ると、"**sick** people"なら"suffering from... **illnesses**"に決まっているだろう、といらいらし、日本の中学生がバカにされている気もします。当然のことながら、**sick** を省き、

> He was shocked to see a lot of people who were suffering from hunger and illnesses. (彼は、飢餓と病気で苦しんでいるたくさんの人を見て驚いた)

と書けば、その問題はなくなります。が、もう少し自然な英語表現にしたい場合、たとえば、

> He was shocked at the number of people who were suffering from hunger and illnesses. (彼は、飢餓と病気で苦しんでいる人々の数に驚いた)

のように書けばいいのです。また、この文の"who were"を省略して、同じ意味を表す、

> He was shocked at the number of people suffering from hunger and illnesses.

という書き方にすれば、さらにすっきりした英文になります。

なお、似たような問題で、中2用の英語教科書では、「6時頃にあなたに電話したけど」と言われた人がこんな英語で答えます。

> Sorry. When you called me, I was sleeping **in bed**.[*2] (ごめん。君が電話をくれたとき、**ベッドで**寝てたんだ)

なぜわざわざ"**in bed**"を付け加えているのか分かりませんが、"**in bed**"という2語を削除し、

> Sorry. When you called me, I was sleeping. (ごめん。君が

---

suffer from = 〜で苦しむ　hunger = 飢え

電話をくれたとき、寝てたんだ）

にすれば、読み手をいらいらさせる心配がなくなります。

第9章 「論理の飛躍」が多すぎる

これまでの章では、日本人が誤解しがちな
文法の問題とその原因について考えてきました。
もう1つの大きな問題は、
英文に見られる論理の飛躍や破綻(はたん)です。
大げさでヘンな表現も目立ちます。
どんなにすばらしいことを言おうとしても、
論理的でなければ相手には伝わりません。

一読では理解不能な英文

　大学の授業で出合う英作文には、書き手にしか分からない"論理的つながり"が目立つ文章も珍しくありません。たとえば、

> I began a part-time job six month ago. **I didn't choose what my part-time job is then**. (私は6カ月前にバイトを始めた。**私は、私のバイトがそのとき何のバイトになっているかは選ばなかった**)

というようにわけの分からない文がその典型です。当然のことながら、何のつもりでこれを書いたのか、学生本人に教えてもらわないと添削できない英文です。結局これを、

> I began a part-time job six month ago. **Before then, I hadn't had any particular type of part-time job in mind.** (私は6カ月前にバイトを始めた。**それまでは、これといって"したいバイト"が特になかった**)

のように書き直すことになりました。本人の話によると、自分はただ単に漠然と「何かバイトをしたいな」と思っていたところ、最寄り駅近辺で、ある喫茶店の求人広告をたまたま見かけたのがきっかけで、そのバイトを始めることになった、ということを書きたかったわけです。

　日本の中学校で使われている英語教科書にも同じような問題がよく見られます。たとえば、中学3年生用のものでは、武史という中学生が書いた手紙に、こんな英語が登場します。

The other day I found that the chain on my bike was broken. I thought, "**How lucky!**" at that time. I asked my father to buy me **a new one**.[*1]（先日、自分の自転車のチェーンが壊れてしまっていることに気づきました。私は「**よかった！**」と、そのとき思いました。父に**新しいもの**を買ってくれるよう頼みました）

まず、自転車のチェーンが壊れてしまっていることに対して、いったいどうして"**How lucky!**"と思ったのか武史本人に訊きたくなりますが、それができないため、手紙の最後まで読み、想像してみるしかありません。結局最後まで読むと、武史は、自転車のチェーンが壊れたので新しい**自転車**を買ってもらえると喜んだのだ、と想像します。ところが、上の英文をどう読んでも、"**a new one**"は、新しい**チェーン**のことを示しているとしか受け止められません。もし新しい**自転車**を買ってもらえると思い込んだ話であれば、常識的に、

I asked my father to buy me **a new bike**.

のように書く必要があります。

なお、どうしてもこうした手紙を教科書で使いたいのなら、私は、せめて上記の2番目と3番目の文を、

At that time, I thought, "**How lucky! Now I can get a new bike!**" I asked my father to buy me **one**.（そのとき、私は「**よかった！　新しい自転車を買ってもらえるんだ！**」

particular = 特別の

と思いました。父に**それ**を買ってくれるよう頼みました)

のように訂正するよう勧めますが、たとえそのように直したとしても、内容の問題が残ります。具体的に言えば、私には「中学生は、自転車のチェーンが壊れたくらいで新しい**自転車**を買ってもらえると喜ぶものだ」といった幼稚な内容が、学校教育にふさわしいとはどうしても思えないのです。

論理が遠くまで飛んでいく!?

　大学生の英作文には、論理的飛躍が多く、場合によって、驚くほど遠いところまで飛んでいってしまいます。たとえば、

　　I like my hometown. My hometown has an exciting summer festival. Recently, also some foreigners come to see the summer festival. **So** I hope **everyone in the world** will enjoy my hometown.（私の故郷が好きです。私の故郷には、刺激的な夏祭りがあります。最近、何人かの外国人もその夏祭りを見に来ます。**だから**、私は**世界中の人間全員**が私の故郷を楽しむよう願っています)

というような英文は決して珍しくありません。

　ここでの「論理的飛躍」は、後ろの２文で示されている"因果関係"に見られます。具体的に言えば、「**世界中の人間全員**が私の故郷を楽しむよう願っています」というはなはだしい願望の"理由"として、「最近、何人かの外国人もその夏祭りを見に来ます」

ということを挙げているところにあります。もちろん、なぜ本人がこんなに突拍子もないことを願っているのか不思議に思われますが、そういう書き手の発想を抜きにしても、この"**so**"を用いた論理的飛躍が気になります。たとえば、その願望の"デカさ"を少し抑え、上記の文を、

> I like my hometown. It has an exciting summer festival that, recently, non-Japanese people also come to see. **So** I hope **more people** will enjoy the town.（私の故郷が好きです。刺激的な夏祭りがあり、最近、外国人もそれを見に来ます。**だから**、私は**もっと多くの人**がその町を楽しむよう願っています）

のように訂正しても、飛躍は飛躍として残るのです。というのも、「最近、外国人もそれを見に来る」ことの**結果**として「私が**もっと多くの人**がその町を楽しむよう願う」ということには、"**so**"が示すほどの**必然性**はないからです。本書の第6章で説明しているように、接続詞の"**so**"の主な役割は、"**当然の結果**"を示すことであり、たとえば、

> The apartment building's elevator was out of order, **so** I had to use the stairs.（そのマンションのエレベーターが故障していた**ので**、階段で行くしかなかった）

のような話なら、まさに"**so**"の出番です。が、そのようにはっきりした因果関係のない上記の大学生の英文には、"**so**"の出番

out of order = 故障して　stairs = 階段

はないのです。そこで、せめてこの文を、

> I like my hometown. It has an exciting summer festival that, recently, non-Japanese people also come to see, **and** I hope **even more people** will enjoy the town in the future.（私の故郷が好きです。刺激的な夏祭りがあり、最近、外国人もそれを見に来ます**し**、将来**さらに多くの人**がその町を楽しむよう、私は願っています）

のように書き直したい。そうすれば、少なくとも比較的自然な英語表現にはなります。

　大学生が書いた英文には次のような「論理的飛躍」も多く見られます。

> The next day, I met my boss for the first time. She is the manager of the shop, **but** she was kind to me.（翌日、私は初めて上司に会いました。彼女は店長**にもかかわらず**私に親切でした）

逆接を示す上記の "**but**" によって、この英文はまるで「店長を務めている人は、新しい店員に親切にするはずがないのに、意外にも彼女は親切だった」と言っているような感じです。私はその学生がそういう意図ではないと思ったので、本人に訊いてみました。すると、ただ単に「店長に会う前は緊張していたが、ほっとしたことには、とても親切な人だった」というようなことを伝えたかったそうなので、その文を、

The next day, I met my boss, the manager of the shop, for the first time. I was nervous, but, to my relief, she was a very kind person.（翌日、上司である店長に初めて会いました。私は緊張していましたが、ほっとしたことには、彼女はとても親切な人でした）

のように書き直しました。

例も理由も存在しない英文

　なお、論理的につながらない英文は、飛躍が問題というものばかりではありません。たとえば、中２用の英語教科書に載っている、手塚治虫についての話には、こんな英語が出てきます。

He tried to send strong messages through the characters. For example, in *Black Jack*, the hero is a skillful doctor, and he can cure any disease or serious injury. In *Phoenix*, Tezuka used a bird to connect the future and the past.(*10)（彼は登場人物を通して、力強いメッセージを送ろうとしました。たとえば、『ブラック・ジャック』では、ヒーローは熟練の医師で、彼はどんな病気も重傷も治せます。『火の鳥』では、手塚は、未来と過去をつなぐべく、鳥を登場させます）

ここで、"He tried to **send strong messages** through the characters." に続く "For example, ..." を読むと、手塚が伝えようとした**メッセージの例**が当然出てくるはずだと思うのですが、何のメッセ

---

nervous = 緊張して　relief = 安堵、安心　cure = 治す
disease = 病気　injury = ケガ

ージの例も出てこないので、結局"**For example**"と述べたのがウソということになってしまいます。

あるいは、中3用の英語教科書には、「携帯電話の是非について」の意見として、こんな英語が出てきます。

> I don't think junior high school students **need** cell phones. I have two reasons. / First, cell phones cost a lot of money. … / Second, the ringtone of cell phones sometimes disturbs our class.(*8)（私は、中学生は携帯電話が**必要**だとは思いません。理由は2つあります。／まず、携帯電話はたくさんのお金がかかります。……／次に、携帯電話の着信音は、授業の邪魔になることもあります）

ここで述べられている"**two reasons**"（2つの理由）は、いずれも中学生が携帯電話を**必要（need）としているかどうか**という問題とはまったく**関係ない**ものです。どちらかと言えば、「**持ってはいけない理由**」を表しているのです。

感動できない英語の論理

　不思議な"**but**"の用法は、英語教科書にも見られます。たとえば、前出した中3用の教科書に載っている『かわいそうな　ぞう』の話に、こんな英文が登場します。

> Tonky and Wanly could no longer move. They lay down on the ground, **but** their eyes were beautiful.(*1)（トンキーとワ

ンリーはもう動くことができなかった。地面に横になったが、その目は美しかった）

まず、"They **lay down** on the ground"の"**lay down**"という英語は、立っている状態から横になっている状態への**動き**を表す言葉なので、その前の"**could no longer move**"（**もう動くことができなかった**）とは内容的に矛盾しています。しかし、それよりも「横になった」ということと「目は美しかった」ということを逆接の接続詞の**but**でつないでしまうところに問題の深い根があるように思われます。「弱っている象は、立ってさえいれば目が美しくてもおかしくないが、一度横になったらその目はふつう美しくない。（が、この象たちの目は例外的に美しかった）」とでも言おうとしているのでしょうか？

おそらく、元々の英文である『かわいそうな ぞう』の英訳を教科書で使うために改作した人はそこまで考えず、単純に"their eyes were beautiful"と書けば中学生は感動するかもしれないと思っただけでしょう。が、それならば、その言葉にふさわしい文脈も作るべきでした。**but**でつなぐだけでは、英語の論理としては不自然になってしまいます。

逆になってしまう"因果関係"

大学生の英作文で示されている"**因果関係**"には、本当は**逆**ではないか、と思われるものもあります。たとえば、

---

cell phone = 携帯電話　cost = 〜の金額がかかる　disturb = 邪魔する

> She is a conceited person **because** she talks about herself all the time.（彼女は、自分のことばかり喋る**ので**、うぬぼれ屋です）

というような文がその典型です。本当は、逆に、

> She talks about herself all the time **because** she is a conceited person.（彼女は、うぬぼれ屋な**ので**、自分のことばかり喋ります）

と言ったほうが正確な表現ではないでしょうか。

　中２用の教科書にも同じ"現象"が見られます。たとえば、フィンランドの話には、こんな英語が出てきます。

> Many people there speak both Finnish and Swedish **because** they are both official languages.[*2]（フィンランドにはフィンランド語とスウェーデン語の両方を話す人が多いが、それはいずれも公用語**だから**です）

本当は、逆に、フィンランドにはフィンランド語とスウェーデン語の両方を話す人が多い**から**、いずれも公用語とされている、ということではないでしょうか。つまり、

> **Because** very many people there speak Finnish and Swedish, these are both official languages.（フィンランドでは、フィンランド語とスウェーデン語を話す人が非常に多い**ので**、それらの言語はいずれも公用語とされています）

140　第9章　「論理の飛躍」が多すぎる

と述べたほうが正確な表現だと思われるのです。

「全人類」に向けた英語？

　なお、大学生の英作文の最後に来る"結びの言葉"には、先ほどの「私は**世界中の人間全員**が私の故郷を楽しむよう願っています」のような"大げさな話"が実に多く、たとえば、

> So I want to work as an announcer in the future. I will do my best to **make world peace**. (だから、私は将来アナウンサーとして働きたいです。私は**世界平和を作る**ために全力を尽くします)

という文で最後を締めた英作文を受け取ったことがあります。作文に関する日本の習慣はよく分かりませんが、もし読み手が英語圏の人間なら、上記の２番目の文を見て「何大げさなことを言っているんですか？」と笑われてもおかしくはありません。結局、添削の際その１文を削除することになりました。
　似たような問題で、中３用の英語教科書では、たとえば、帽子デザイナー原田美砂についてのショート・エッセイの"結びの言葉"として、こんな英語が出てきます。

> Misa wants **everyone** to enjoy wearing her hats. She is already well on the way to that goal.[*1] (美砂は、**全人類**に自分の帽子を被るのを楽しんでほしいと考えている。彼女はその目標へ向かって十分に進んでいる)

conceited ＝ うぬぼれた

もし、これが私の授業で学生が書いた英作文の"結びの言葉"なら、2文とも削除するか、1番目の文に見られる**everyone**という代名詞を使わず別の言い方にするように指導します。

　もちろん、日本語の「**皆**」や「**みんな**」と同じように、英語の"**everyone**"も文脈によって必ずしも文字通り「**ひとり残らずすべての人**」という意味で使われるとは限りません。日本語で、強調のためのレトリックとして、たとえば、「何でそんなバカなことを言うの？」と訊かれた人が「だって、みんなそう言うんだもん！」と答える場合はよくあるでしょう。同様に英語でも、

　　But **everyone** says so !

というレトリックもあり得ます。しかし、上記の、

　　I hope **everyone** in the world will enjoy my hometown.

や、

　　Misa wants **everyone** to enjoy wearing her hats.

という文は、そういった用法には当たりません。いずれの場合も、話の内容からすると、**everyone**ではなく、**more people**（さらに多くの人）という表現がふさわしく、

　　I hope **more people** will enjoy my hometown.

や、

Misa wants **more people** to enjoy wearing her hats.

と書けばいいのです。

『かわいそうな ぞう』の非論理性

また、同じ中3用教科書の『かわいそうな ぞう』の話には、さらにおかしい"**everyone**"の用法が登場します。

> **Everyone** at the zoo said with tears, "If they can live a few more days, the war may be over and they will be saved."(*1)
> (その動物園にいる人たちは全員「象たちがあと数日生き延びられれば、戦争は終わっているかもしれません。そうなったら、象たちの命は助かります」と涙を浮かべながら言った。

という文です。まず、"**everyone**"の使い方以外にも問題がいくつもありますので、先にその部分を直しましょう。

"... said with tears, ..."という英語がないわけではありませんが、"... said, with tears **in their eyes**, ..."(……目に涙を浮かべながら言った)と述べたほうが英語としては自然に感じられる表現になります。

続いて、

> ① If they can live a few more days, ② the war may be over....(象たちがあと数日生き延びられれば、戦争は終わっているかもしれません)

における、①「条件節」と②「帰結節」の関わりを考えてみましょう。「数日後に戦争が終わっているかどうか」は、「象たちがまだ生き延びているかどうか」ということとまったく関係がありません。ここで、**象たちの体調を終戦の可能性の条件にしている**のは、驚くほど非論理的なことです。

さらに言えば、あれだけ長い間飢餓状態が続いているため衰弱している象たちは、たとえ数日後に終戦になったとしても、「命が助かる」とは限りませんので、

　…they **will be saved**.（象たちの命は**助かります**）

という言い方は断定的すぎます。

　…they **might be saved**.（象たちの命は**助かるかもしれません**）

と述べたほうが正確です。

では、教科書で使うために元々の英文を改作した人が、

If they can live a few more days, the war may be over and they will be saved.

で言おうとしていることを想像してみて、論理的な英語表現に直したい場合、たとえば、

The war may be over in a few more days. If they can live that long, they might be saved.（戦争はあと数日で終わるかもしれません。もし象たちがそこまで生き延びたら、命は助

かるかもしれません)

のように訂正すればいいのです。

救いようのない英文

さて、次に、"Everyone"の問題を考えてみましょう。まず、

Everyone at the zoo said with tears, "If they can live a few more days, the war may be over and they will be saved."
(その動物園にいる人たちは全員「象たちがあと数日生き延びられれば、戦争は終わっているかもしれません。そうなったら、象たちは助かります」と涙を浮かべながら言った。

の、

"If they can live a few more days, the war may be over and they will be saved."

は、引用符で囲まれていますので、**直接引用**となっています。つまり、発話者の言葉を**そっくりそのまま**述べているわけですが、「動物園にいる人たちが全員」偶然にもまったく同じ言葉をそっくりそのまま使って発話したはずがありませんので、最初から荒唐無稽な話となってしまっています。また、この部分を内容的に訂正し、間接引用として、

Everyone at the zoo **said**, with tears in their eyes, that the

145

> war might be over in a few more days, and that if they could live that long, they might be saved.（その動物園にいる人たちは全員涙を浮かべながら、戦争はあと数日で終わるかもしれませんし、そして、もし象たちがそこまで生き延びたら、命は助かるかもしれませんと言った）

のように書き直せば、少なくとも「同じ言葉をそっくりそのまま使って発話した」という問題がなくなりますが、はたして全員が同じ**趣旨**のことを実際**口にした**かどうかは疑問です。そこで、"**said**"（言った）の代わりに、"**thought**"（思った）を使うという手もありますが、そもそもこれはまだ1943年の話なので、「その動物園にいる人たちは全員、戦争はあと数日で終わるかもしれない」と思ったはずもありません。おそらく、そう思った人は1人もいなかったでしょう。結局、論理的に考えるとこの英文は救いようがありませんので、全部削除するしかないのです。

『かわいそうな ぞう』のウソ

　しかし、それよりもさらに深刻な問題があります。この教科書の『かわいそうな ぞう』の話によると、

> Bombs were dropped on Tokyo every day.[*1]（毎日、東京に爆弾が投下されていた）

という状況だったそうですが、それは**大ウソ**です。確かに1942年4月18日にはアメリカ軍による最初の日本本土攻撃である「ドゥ

ーリトル空襲」はあったのですが、東京が毎日のように空襲を受けてしまう状況になったのは、例の象たちが餓死させられた1943年ではなく、その翌年の1944年です。このように『かわいそうなぞう』の話は、中学生の知性をバカにしているとしか思えず、削除してしまいたくなります。

　英語教科書における「中学生をバカにしている」例と言えば、中学２年生用に出てくる「父は、海外旅行をしたかったが、それをはたす前に亡くなってしまった」ということを語る少女Megumiのエピソードが挙げられます。

　父親の死後、彼女はぬいぐるみを、アメリカに行く予定の教員に渡し、そしてその教員はアメリカで、スウェーデンに行く予定のもう１人の教員に渡す、というように話は進みますが、最終的にそのぬいぐるみは、父親の"代わりに"多くの国に行くこととなります。そして、この話の最後には、こんな英語が登場します。

> Her **father's dream came true**. And Megumi's dream also came true.(*2)（彼女の**父親の夢はかなった**。そして、メグミの夢もかなった）

Megumiの夢はともかくとして、彼女の**父親**には、そもそも自分の代わりにぬいぐるみが多くの国に行くという夢などあったわけではありません。それなのに、なぜ海外旅行をしたかった**彼の夢がかなった**と言えるのか、理解しかねます。おそらく筆者はそう書けば、ふつうの中学生は感動するかもしれないと思ったのでしょう。

いずれにしても、中学の数学や理科では高度な内容を教えるのに、なぜ英語の教科書の内容はこんなにも「幼稚」でないといけないのでしょうか？

第10章 自然な英語を書くために

日本人は英作文を書くとき、本物の英語では
あり得ない単語やレトリックを多用する傾向があります。
"英語っぽい"と思われている表現の多くが
不自然なことも多いのです。文法が正しければいい
という問題ではなく、ときには、相手に
真剣に話を聞いてもらえなくなることもあり得ます。
自然な英語とはどういうものなのでしょうか？

「私たち」とは誰のこと？

　私は授業で大学生に自分の意見を英語で書いてもらうことがありますが、その際、次のような英文を受け取ることがよくあります。

> Soccer is a very popular sport. <u>I have</u> three reasons that **we** like it. First, **we** <u>can watch many games on television</u>.（サッカーは人気の非常に高いスポーツです。<u>私には</u>、**私たちが**サッカーのことを好きだと思っている理由が3つあります。まず、**私たちは**、<u>たくさんの試合をテレビで観ることができるから</u>です）

これを添削する前に、まず、上記の"**we**"（**私たち**）は具体的に誰のことを指し示しているのか書き手に訊かなければいけません。

　大学生の書いた英文には"**we**"という代名詞が頻出するのですが、何のつもりで使われているのか分からないケースが実に多くあります。具体的に言えば、「私たち**人間**」のつもりなのか、それとも「私たち**日本人**」「私たち**大学生**」、あるいは、それらとはまた別の「**私たち**」のつもりなのか、不明なのです。

　上記の英文の場合、学生本人に訊いてみたら、それは「私たち**サッカーのことを好きだと思っている人**」のつもりで使ったそうです。ところが、そうした意味に**限定**していることを示す表現がどこにも書かれていないため、その「つもり」は読み手には分かるはずはありません。

　では、"**we**"の使い方以外の問題も含め、上記の3文を訂正してみましょう。私なら、

> Soccer is a very popular sport, and many games are shown on television.（サッカーは人気の非常に高いスポーツであり、多くの試合がテレビで放送されている）

のように書き直します。なぜこれだけ短くするかは、まず、「人がサッカーのことを好きだと思っている 3 つの理由」の"存在"を示そうとしている 2 番目の文を考えてみましょう。

> <u>I have</u> three reasons that **we** like it.

では、その「3 つの理由」は「他の人にはないかもしれないが、**私には**ある」というヘンな話になっています。もちろん、これを、たとえば、

> **There are** three reasons that **people** like it.（人がサッカーのことを好きだと思っている理由は 3 つあります）

のように書き直せばいいのですが、その続きの、

> First, we can watch many games on television.

という文で表されていることは、サッカーのことを好きだと思っている**理由**にはなりません。むしろ、「サッカーのことを好きだと思っている人が多い**から**、テレビ局は多くの試合を放送する」という、**逆の因果関係**が本当の論理でしょう。いずれにしても、この 3 番目の文では"**reason**"が 1 つも述べられていないので、その前の、

reason = 理由

> ...three **reasons** that we like it.

は、その場所では無意味な文であり、削除するしかありません。結局、有意義な情報としては、

> Soccer is a very popular sport, and many games are shown on television.

ということしか含まれていないわけなので、そのように書けばいいのです。

なお、もし実際に英語で**理由**をリストアップする場合、たとえば、

> With meat dishes, I usually have red wine, and I do so for three reasons. First, meat dishes taste better when accompanied by it. Another reason is that it is a relaxing drink. Finally, it contains polyphenols, which are good for the health.（肉料理には、私はふつう赤ワインを合わせますが、それには理由が3つあります。まず、肉料理は赤ワインと合わせたほうが美味しいからです。もう1つの理由は、赤ワインは人をリラックスさせてくれる飲み物だからです。最後に、赤ワインには、健康に良いポリフェノールが含まれているからです）

のような文なら自然に感じられます。

「因果関係」がおかしい英文

"we"という代名詞を不自然に使う問題は、中学2年生用の英語教科書にも見られます。たとえば、「賛成意見や反対意見を言おう」というレッスンには、

> A big town is a good place to live.（大きな町は住むにはいいところです）

という意見について、まず、こんな「賛成意見の理由」が登場します。

> First, there are many kinds of stores. <u>So</u> **we** can enjoy shopping.
> Second, **we** have many restaurants. **We** can enjoy many kinds of food.
> Last, there are many trains <u>or</u> buses <u>every day</u>. **We** <u>can go anywhere easily</u>.^(*2)

（最初に、商店の種類が多いからです。**だから**、**私たち**は買い物が楽しめます。次に、**私たち**には料理店が多いからです。**私たち**は、たくさんの種類の食べ物が楽しめます。最後に、<u>毎日</u>の電車、<u>もしくは</u>バスの本数が多いからです。**私たち**は<u>どこへでも簡単に行けます</u>）

この文に4回も出てくる"**we**"（**私たち**）は、先ほどの大学生の、

> I have three reasons that **we** like it.

---

accompany＝一緒にする　contain＝含める　polyphenol＝ポリフェノール

の"we"と同じように、具体的に誰のことを指し示しているのかが分かりません。そこで、添削として、たとえば、

> First, there are many kinds of stores. So **people** can enjoy shopping. / Second, **there are** many restaurants. **People** can enjoy many kinds of food. / Last, there are many trains <u>or</u> buses <u>every day</u>. **People** <u>can go anywhere easily</u>.（最初に、商店の種類が多いからです。<u>だから</u>、買い物が楽しめます。／次に、料理店が多いからです。たくさんの種類の食べ物が楽しめます。／最後に、<u>毎日</u>の電車、<u>もしくは</u>バスの本数が多いからです。<u>どこへでも簡単に行けます</u>）

のように書き直せば、少なくとも意味不明の"we"の問題がなくなります。が、仮にそうしたとしても、その他の問題がいくつも残ります。たとえば、「商店の種類が多い**から**、買い物が楽しめる」と示されている"**因果関係**"がおかしい。買い物が楽しめるかどうかは、商店の**種類の数**の問題ではありません。店の種類が少ない小さな町に住んでいる人は買い物が**楽しめない**とは言い切れないはずです。添削の際に、

> **So** people can enjoy shopping.（**だから**、買い物が楽しめます）

という文は削除になります。

また、

> Last, there are many trains **or** buses **every day**.（最後に、毎

日の電車、**もしくは**バスの本数が多いからです）

の"**or**"と"**every day**"もきわめておかしい。"**or**"のほうは、ただ単に"**and**"の間違いだったのかもしれませんが、"**every day**"のほうは、なぜわざわざ付けられているのか理解できません。

　最後に、

> ...can go **anywhere** easily.（**どこへでも**簡単に行けます）

という文ですが、電車やバスがたくさんあるからといって、**どこへでも**（**anywhere**）簡単に行けるということにはならないでしょう。意味の範囲がまったく**限定されていない**この文の"**anywhere**"は、**宇宙のどこへでも**ということを表しているのです。そこで、たとえば、

> ...can go anywhere **in the town** easily.（**町の**どこへでも簡単に行けます）

のように**限定**すれば、マシな表現になりますが、「大きな町」に公共の交通機関が多くても、電車やバスではさほど簡単には行けないところもあるので、たとえば、

> ...can go **almost** anywhere **in the town** easily.（町の**ほとんど**どこへでも簡単に行けます）

のように、**さらに限定**する必要があります。いずれにしても、大きな町ではなく、**小さな町**に住んでいる人のほうこそ、徒歩や軽

155

自動車などで**町の**どこへでも簡単に行けるものなので、そもそもこの文にはあまり説得力がありません。

では、最終的に上記の英文全体をどのように書き直せばいいのでしょうか？　私なら、たとえば、

> First, there are many stores, and shopping is convenient. Also, there are many different restaurants, and a variety of dining is available. Last, there are a large number of trains and buses that make it easy to go around the town.（まず、商店が多く、買い物が便利だからです。次に、料理店も多く、さまざまな食事ができるからです。最後に、電車やバスも多く、町のあちらこちらに行くのが簡単だからです）

のようにまとめます。なお、同じレッスンには、

> A big town is a good place to live.（大きな町は住むにはいいところです）

という意見について、次の「**反対**意見の理由」も登場します。

> First, there are too many shops. <u>So</u> **we** buy many things and throw them away.
> Second, **we** can eat food anywhere. <u>So</u> there is too much trash on the street.
> Last, there are too many cars. The air is not clean.(*2)
> （最初に、商店が多すぎるからです。だから、**私たち**はたくさ

んのものを買い、それらを捨てます。次に、**私たち**はどこでも食事ができるからです。だから、道にはごみが多すぎます。最後に、車が多すぎるからです。空気がきれいではありません）

言うまでもなく、ここにも同じ"意味不明の**we**"の問題があります。また、内容的には、「商店が多すぎる**から**、私たちはたくさんのものを買い、それらを捨てます」と「私たちはどこでも食事ができる**から**、道にはごみが多すぎます」という2つの"因果関係"のいずれも乱暴すぎて話になりませんので、そういった"因果関係"が示されている最初の4文を、すべて削除するしかありません。そして唯一生き残る最後の文も、添削の際に、私なら、

　There are too many cars, and the air is not clean.（車が多すぎて、空気がきれいではないからです）

のように書き直します。こんなにバッサリ削るなんて、と驚く人もいるかもしれませんが、上記の「反対意見の理由」はあまりにナンセンスなので、中学生に教えるべき「正しい英語」とは言えないのです。

英語としてあり得ない奇妙な相づち

　日本の中学校で使われている英語教科書に見られる"不自然な言い方"では、会話に相づちとして入れられている英語が特に目立ちます。たとえば、中1用の教科書には、こんな会話があります。

a variety of = さまざまな〜　　available = 利用できる

Hi, I'm Mike Brown. I'm a new student.（こんにちは、マイク・ブラウンです。私は新しい生徒です）
　　Oh, you're Mike. I'm Yuki, Sayama Yuki.^(＊3)（**おお、あなたはマイクです**。私は由紀、佐山由紀です）

当然のことながら、"I'm Mike Brown." という自己紹介を受けただけで、"**Oh**" が表すような「**びっくりした気持ち**」を覚えることなどありませんので、"相づち" としては、由紀の "Oh, you're Mike."（**おお、あなたはマイクです**）の "**Oh**" は、まったく不自然です。また、それに続く "you're Mike"（あなたはマイクです）もきわめておかしくないでしょうか。マイクは自分の名前をちゃんと覚えているはずなので、何もわざわざ彼にその名前を思い出させてあげる必要などないのです。英語ではもちろんのこと、日本語でも、たとえば、

　　伊藤：はじめまして。伊藤亜季です。
　　平山：**あなたは伊藤さんです**。私は平山、平山幸一です。

などのような会話は、通常考えられないはずです。もし、たとえば海外で使われている日本語の教科書にそうしたヘンな会話が出てきたら、日本語学習者はバカにされているような気持ちになってもおかしくありません。

　同様の問題が、別の中1用の英語教科書に載っている、次の生徒同士の会話にも見られます。

　　Ken: Are you Emma?（あなたはエマさんですか？）

Emma: Yes, I am. I'm from Australia.（はい、そうです。私はオーストラリアから来ました）

Ken: **Oh, you are from Australia.**(*4)（おお、あなたはオーストラリアから来ました）

　上記の２つの英会話にある"**Oh, you're Mike.**"と"**Oh, you are from Australia.**"の部分を削除し、二度と日本の中学生にそうしたバカげた"英語の相づち"を教えないようにすべきです。

　中２用の英語教科書にも、同じ"不自然な**Oh**の問題"が見られます。たとえば、「例にならい、相手が言った内容をくり返しましょう」というところに、こんな「例」が出てきます。

　I like dogs. → **Oh,** <u>you like dogs</u>.(*2)
　（私は犬が好きです。→<u>おお、あなたは犬が好きです</u>）

これには、まさに先ほどのYukiの"**Oh,** <u>you're Mike.</u>"と同じおかしさがあります。まず、犬が好きだという話には、何も"**Oh**"が示すような意外性はありません。そして、犬が好きだと言ったばかりの人に「あなたは犬が好きです」と実際言ってしまったら「どうかしている」と思われても仕方がないでしょう。

必要のないreallyと正しくないright

　日本の中学用英語教科書に見られる"英会話"には、こうした「Oh＋相手が言った内容の繰り返し」以外にも、その他の"不自然な相づち"が少なくありません。その中で、"**Really?**"（本当

ですか？）がいちばん多いでしょうが、たとえば、本書の第 8 章で取り上げた、1958年に大阪で世界最初の回転寿司店を始めた白石義明という人物についての話の中で、こんな会話が登場します。

> *Mr. Oka:* *Kaiten-zushi* has an interesting history. The first *kaiten-zushi* bar was opened by Mr. Shiraishi Yoshiaki, a *sushi* chef, in Osaka in 1958. It made *sushi* more popular in Japan.（回転寿司には面白い歴史があります。1958年に大阪で、初めての回転寿司店が寿司職人の白石義明**さん**［**様**（？）］［**氏**（？）］の手によって開店されました。その店は寿司を日本でもっと人気のあるものにしました）
> *Pat:* **Really?** How did he get the idea?（**本当ですか？**　彼はそのアイディアをどのように思いついたのですか？）
> *Mr. Oka:* He got the idea when he saw bottles at a beer factory. They were traveling on a conveyor belt.（彼はビール工場で瓶を見かけたときにそのアイディアを思いつきました。その瓶はベルトコンベヤーで動いていました）
> *Pat:* **Is that true?**（**それは本当ですか？**）
> *Mr. Oka:* Yes. [*1]（はい）

上記の"**Really?**"（**本当ですか？**）は、おそらく「ああそうですか」というつもりで書かれたのでしょう。が、"**Really?**"は「ああそうですか」とは違って、相手の言ったことを**疑っている**印象を与えてしまいます。もちろん、イントネーションが疑問的に上がるのではなく、下がるほうの"**Really.**"という言い方もあり、

それなら「ああそうですか」の意味になりますが、上記の**"Really？"**のように、**疑問符［？］**が付いている以上、イントネーションが疑問的に上がっているように見えます。

しかし、それはそれとして、Patがさらに「妙に疑い深い人間」であるような印象を与えてしまうのが、その下の**"Is that true？"**（**それは本当ですか？**）という質問です。この場合、おそらく筆者は、日本語の感覚で、ただ単にここでPatのセリフとして何か相づちを入れたくなり、もうすでに使っている**"Really？"**以外には**"Is that true？"**しか思いつかなかったのでしょう。

なお、これは相づちの話ではありませんが、日本の中学用英語教科書に見られる"英会話"では**"Really？"**に負けないくらい**"…, right？"**という言い方が頻出しているのも目立ちます。たとえば、同じ中３用の教科書に出てくる、

Where does he live? He doesn't live near here, **right？**[*1]

という訊き方がその典型です。この英語は、おそらく「彼はどこに住んでいますか？　この近くに住んでいません**よね？**」というつもりで書かれたものでしょうが、このような**"…, right？"**だと、むしろ「この近くに住んでいる**わけではありませんよね？**」といったような、いささか詰問調になります。別に英語としては間違いではありませんが、**"…, right？"**よりも、

Where does he live? He doesn't live near here, **does he？**

という訊き方にしたほうが、「彼はどこに住んでいますか？　こ

---

conveyor belt = ベルトコンベヤー（英語での語順に注意）　　　161

の近くに住んでいません**よね？**」という日本語のフィーリングに近いし、英語表現としても、もっと自然に感じられます。

　しかし、驚いたことに、同じ教科書には、こんな"..., **right？**"も出てきます。

　　I hear you're from Hong Kong, **right？**[*1]（あなたは香港出身だ、と私は聞いていますよね？）

この"英語"は、おそらくただ単に「ご出身は香港だそうです**ね**」というつもりで書かれたものでしょうが、こうした訳き方だと、"..., **right？**"という語で**求められている確認**は、「"you're from Hong Kong"（あなたは香港出身だ）かどうか」ということではなく、「"**I hear**"（と私は聞いています）かどうか」ということなのです。これは「不自然」というより、"..., **right？**"の使い方に対する深い誤解による間違いです。ここでの**right**を削除し、

　　I hear you're from Hong Kong....

と言えば、「ご出身は香港だそうですが……」という意味になり、問題がなくなります。

　なお、どうしても"**right**"という語を使いたいのなら、たとえば、

　　I hear you're from Hong Kong. **Is that right？**

のように、**別の文として訳けば**、「私の聞いた（ご出身は香港だという）ことは正しい（こと）ですか」という意味の質問になります。

あるいは、もし"**right**"という語にこだわらず、同じ意味の質問をもう少しインタビューらしく、自然な英語表現にしたい場合、

Is it true(that) you're from Hong Kong?

のような訊き方にすればいいのです。

someを削除して自然な英語に

第3章でも取り上げましたが、大学生が書いた英作文に見られる「不自然な表現」として、「いくつかの」という意味を表すために使われる"some"という形容詞も挙げられます。たとえば、「抹茶は美味しいものであり、**いくつかの**楽しいいただき方があります」というつもりで書かれた、

Powdered tea is delicious. There are **some** ways to enjoy having it.

という英文がその典型です。なぜ学生はここでわざわざ"some"を付けたのでしょうか？　おそらく、日本語で「抹茶は美味しいものであり、楽しいいただき方があります」と「**いくつかの**」抜きで書いたら、その「楽しいいただき方」は必ずしも複数あるとは限らず、1つしかないと解釈されることもあり得るので、やはり「**いくつかの**」のように「**複数**」であることを示す表現が必要だ、といった感覚で、英語にも"some"を加えたのでしょう。ところが、英語の名詞には「複数形」というものがありますので、

delicious = とてもおいしい

そうした心配はありません。つまり、英語で書く場合、"some"無しで、

 There are **ways** to enjoy it.

と書いても、ちゃんと「**いくつかの**楽しみ方があります」という意味になるので、"some"は要らないのです。逆に言えば、上記の英文に"some"があると、それは蛇足に感じられます。

 ただし、もしただ単に「**複数ある**」ということだけではなく、「**いろいろある**」ことを表したいのなら、英語では、たとえば、

 There are **various** ways to enjoy it.

や、

 There are **a number of different** ways to enjoy it.

のように、そうした意味になる言い方が他にいろいろあります。

 先ほどの中3用の英語教科書にも同じ「不自然な"some"の問題」が見られます。たとえば、こんな英文があります。

 Temae is the procedure for performing *chado*. There are **some** styles to perform it.(*1)（点前は茶道を行うための手順です。行うためには、**いくつかの流儀があります**）

これも、"some"無しで、

 There are **styles** to perform it.

と書いても、ちゃんと「**いくつかの流儀があります**」という意味になり、"**some**"は要りません。また、もし「**いろいろある**」ということを表したいのなら、

 There are **various** ways to perform it.

や、

 There are **a number of different** ways to perform it.

などのように述べれば、少なくとも英語としては自然に感じられるのです。
 もちろん、たとえば、

 Some coffee shops provide free Wi-Fi service.（無料のWi-Fiサービスを提供するコーヒーショップ**もある**＝**ある**コーヒーショップは無料のWi-Fiサービスを提供する）

のように、"**some**"は形容詞として使われることがよくありますが、この例が「無料のWi-Fiサービスを提供**する**コーヒーショップもあれば、提供**しない**ものもある」ということを示しているように、対照を表すために使われるケースがとても多いのです。

Do you know...? を多用する日本人

 日本の一般の大学生が書く英作文には「文法的に間違っているわけではないが、なぜこんな書き方をするのだろう？」と不思議

---

various = さまざまな procedure = 手順 perform = 行う、実行する

に感じられる文が多くあります。たとえば、こんな書き方が珍しくありません。

> **Do you know my favorite sport？** It is futsal.（**私のいちばん好きなスポーツは何だか分かりますか？** フットサルです）

いきなり"**Do you know my favorite sport？**"と訊かれた読み手は、いらいらして「分かるわけないだろう。なぜそんなことを訊くのか」と言いたくなることもあるでしょう。

なぜ、

> My favorite sport is futsal.（私のいちばん好きなスポーツはフットサルです）

と、率直に書かないのか、とても不思議です。しかし、私が見ている限り、大学生は、どういうわけか、どうしても読み手に質問を向けたがるようです。たとえば、

> I live in Kawasaki City in Kanagawa Prefecture. **Do you know Kawasaki？** It is a city in Kanagawa Prefecture.（私は、神奈川県にある川崎市に住んでいます。川崎を知っていますか？　神奈川県にある都市です）

というような書き方がその典型です。もちろん、最初の1文の"Kawasaki **City in Kanagawa Prefecture**"を読めば、3番目の文の、

It is a **city in Kanagawa Prefecture**.

という情報はまったく要らないのですが、それよりも、いったい何のために2番目の文で、

Do you know Kawasaki?

と訊いているのか想像もつかず、いささか不気味な感じさえします。

日本語のレトリックを使えるか？

　日本の中学校で使われている英語教科書にも、同じ気持ちにさせられる英文が載っています。たとえば、中2用の教科書には、こんな英語が出てきます。

In the future I want to be a computer engineer. **Do you know why?** I think computers are very useful to us.[*2]（私は、将来、コンピュータ技術者になりたいです。**なぜか分かりますか？**　コンピュータは私たちにとってとても役に立つと私は思っているからです）

この英文の書き手は、"**Do you know why?**"（**なぜか分かりますか？**）のように、読み手やスピーチの聞き手などには**分かるはずのないこと**を訊くのが、ある種のレトリックだと思っているのでしょう。しかし、たとえ、日本語でエッセイを書くときや、日本語でスピーチを行うときなどにそのような質問を向ける習慣が

prefecture = 県

あるとしても、英語でも同じレトリックが使える、と勘違いさせてほしくないのです。

　また、さらに言えば、英語で何かの**理由**を述べるときには、ちゃんと**理由**として成立することを述べてほしいのです。上記の英文では、「なぜ将来、コンピュータ技術者になりたいのか」という**理由**の１つとして「**コンピュータは私たちにとってとても役に立つと私は思っているからです**」と述べられていますが、これは内容的にきわめておかしい。

　まず「**コンピュータは私たちにとってとても役に立つ**」ということは**自明の事実**なのに、"I think…."（…と私は思っています）と言うと、それはまるで個人の意見にすぎないかのように述べてしまうことになります。

　また、「**コンピュータは私たちにとってとても役に立つと思っているからです**」のように、ほとんど誰もが等しく**当然**に思っているはずのことを**自分独特の気持ちの理由**として述べているのもおかしい。まるで「なぜ飛行機のデザイナーになりたいのですか」と訊かれた人が、「**飛行機は私たちにとってとても役に立つと思っているからです**」と答えるのと同じ感じです。あるいは、「なぜ建築学科に行くことにしたか」という質問に、「**建築は私たちにとってとても役に立つと思ったからです**」と説明するようなものです。

　なお、「コンピュータはとても役に立つ」ということは、ほとんど誰もが十二分に分かっているので、情報としてわざわざ述べなくてもよさそうですが、どうしても述べたいのなら、上記の英

文を、たとえば、

> Computers are very useful, and, in the future, I want to be a computer engineer. (コンピュータは非常に役に立つものであり、私は将来、コンピュータ技術者になりたいです)

のように書き直せばいいのです。

　英語教科書に見られる「不気味な英文」には、「伝えようとしていることは想像できるが、その英文はまったく別の意味になっている」というタイプが多いのですが、たとえば、同じ中２用の教科書には、こんな英文が出てきます。

> I'd like to talk about my dream. I want to be a professional golfer. When I am sixteen years old, I **will win** a professional golf tournament. When I am twenty years old, I **will win** the Masters Tournament. My dream is to become a world-famous professional golfer. <u>I hope that many people love me.</u>(*2) (私の夢について話したいです。私は、プロゴルファーになりたいです。16歳のときに、私はプロのトーナメントで**優勝します**。20歳のときに、私はマスターズ・トーナメントで**優勝します**。私の夢は世界的に有名なプロゴルファーになることです。<u>私は、多くの人が私を愛しているよう願っています</u>)

ここで最も深刻な問題になっているのは、"**will**"を使っていることによって、

professional = プロの

When I am sixteen years old, I **will win** a professional golf tournament. When I am twenty years old, I **will win** the Masters Tournament.（16歳のときに、私はプロのトーナメントで**優勝します**。20歳のときに、私はマスターズ・トーナメントで**優勝します**）

という部分が、夢の一部ではなく、単なる予言になってしまっていることです。もし夢の一部として述べたいなら、たとえば、

I **hope** I **will win** a professional golf tournament when I am sixteen years old. I **hope** I **will win** the Masters Tournament when I am twenty years old.（私は16歳のときにプロのトーナメントで**優勝したい**です。20歳のときにはマスターズ・トーナメントで**優勝したい**です）

などのように書けばいいのです。
　また、

I hope that many people love me.（私は、多くの人が私を愛しているよう願っています）

という文には、"**will**"が付いていないため、**将来**ではなく、**現在**に対する願いだとも受け止められますので、"**will**"を使って、

I hope that many people **will** love me.（私は、多くの人が私を愛するようになってほしいです）

のように書いたほうがいいでしょう。ただし、本当はこの文は削除したほうがいいと思います。たいてい誰にも「多くの人に愛されたい」という気持ちはあるでしょうが、それはふつう恥ずかしくて口にできないことなのです。

　結局、もし文体まで考えて、元々の英文全体を書き直すなら、たとえば、

> I'd like to talk about my dream. I want to become a professional golfer, to win a professional golf tournament when I am sixteen years old, to win the Masters Tournament when I am twenty years old, and to become world-famous.（私の夢について話したいと思います。私は、プロゴルファーになり、16歳のときにプロのトーナメントで優勝し、20歳のときにマスターズ・トーナメントで優勝し、そして世界的に有名になりたいです）

のようにまとめればいいでしょう。

あとがき

　今回、本書のために中学校の教科書を読んで感じたことは、予想していた以上に学習指導要領の制限が英語表現に影響を与えている、ということでした。学習者である中学生の負担を慮ってか、覚えなければならない文法事項に制限をかけるということは、想像以上の問題を生じさせているように思われるのです。
　"伝えたい意味が通じる"英文が書けるようになるために、まず必要となる文法項目として、**過去完了形**と**仮定法**と**関係詞節非制限用法**が挙げられますが、それは中学の教科書では教えないことになっています。理想的には、中学の英語教科書で、①過去完了形は過去形と一緒に、②仮定法は未来形と一緒に、③非制限用法は制限用法と一緒に紹介したいものです。これらの文法事項を、豊富な例文を交えて対照させながら覚えてしまえば、少なくとも、"用法をいつまで経ってもよく把握できない"という生徒の数はかなり減ると思われます。現場の先生方にとっても、最終的にはそれがいちばん効率的に英語を教えることにつながるのではないでしょうか。文部科学省にはぜひ検討してもらいたいものです。
　日本では、全員がいっせいに英語を何年間か学ばなければならないせいか、「英語はどのように勉強すべきでしょうか」というような質問を受けることがあります。私には、「文章が上手なネイティヴ・スピーカーの手によって、ネイティヴ・スピーカーのために書かれた**英文をたくさん読むこと**だと思います」というような答えしか思いつきません。基本的には、やる気のある人、必要に迫られている人は、そもそもそんな質問はしてきません。楽器やスポーツの練習と同じく、時間をかけてやるし

かないことが分かっているからです。

　なお、私が「**文章が上手なネイティヴ・スピーカーの手によって書かれた英語**」に限って読むように勧めた理由は、たとえば「世間ずれ」という日本語を「世間の考えから外れている」という意味で使ったりする日本人もいるように、英語を母語とする人でも、模範にならない英文を書く人がいるからです。

　幸い、私が初めて来日した時代と比べて、現在では優れた英語の書籍が書店のみならず、インターネットでも簡単に手に入ります。自分に合った参考書を自分で見つける努力をしてみる、ということも、語学学習の大きな楽しみではないでしょうか。

　本書では、日本の英語教育に関して批判的になってしまいましたが、外国語を勉強すること、そして教えることの大変さは十分に分かっているつもりです。日本語を母語とする人にとって、英語のように根本的に違いすぎる言語を習得することがいかに難しいかということは、日本に住んで何十年にもなるのに、いまだに日本語と格闘する「永遠の日本語学習者」である私には痛いほどよく分かります。しかし、この難しさゆえに、私が感じる喜びがひときわ大きいことも事実です。日本の英語学習者の方にも同じような喜びをぜひ味わってもらいたいものです。

　今回、この書籍を書くにあたって、集英社インターナショナルの田中伊織さんと、二十数年前に私の教え子だった同社の佐藤信夫さんにご尽力いただきました。また、いつもさまざまな示唆を与えてくれる全国の読者のみなさんに、この場を借りてお礼を申し上げたいと思います。

引用文献（本文中の＊の番号と対応しています）

1. SUNSHINE ENGLISH COURSE 3（開隆堂出版／2012年）

2. SUNSHINE ENGLISH COURSE 2（開隆堂出版／2012年）

3. SUNSHINE ENGLISH COURSE 1（開隆堂出版／2012年）

4. NEW CROWN ENGLISH SERIES 1（三省堂／2012年）

5. TOTAL ENGLISH NEW EDITION 2（学校図書／2012年）

6. ONE WORLD English Course I（教育出版／2003年）

7. ONE WORLD English Course I Teacher's Manual 解説編（教育出版／2003年）

8. ONE WORLD English Course 3（教育出版／2012年）

9. NEW HORIZON English Course 3（東京書籍／2012年）

10. ONE WORLD English Course 2（教育出版／2012年）

11. NEW CROWN ENGLISH SERIES 2（三省堂／2012年）

12. NEW HORIZON English Course 1（東京書籍／2012年）

13. NEW CROWN ENGLISH SERIES 3（三省堂／2012年）

マーク・ピーターセン Mark Petersen
アメリカ・ウィスコンシン州生まれ。明治大学政治経済学部教授。
コロラド大学で英文学、ワシントン大学大学院で近代日本文学を専攻。
主な著書に『日本人の英語』『続 日本人の英語』
『心にとどく英語』『実践 日本人の英語』(以上岩波新書)、
『日本人が誤解する英語』(光文社知恵の森文庫)、
『表現のための実践ロイヤル英文法』(共著／旺文社)などがある。

知のトレッキング叢書

日本人の英語はなぜ間違うのか？
2014年11月30日　第1刷発行

著　者　マーク・ピーターセン
発行者　舘 孝太郎
発行所　株式会社集英社インターナショナル
　　　　郵便番号101-8050　東京都千代田区一ツ橋2-5-10
　　　　電話 企画編集部 03-5211-2630

発売所　株式会社集英社
　　　　郵便番号101-8050　東京都千代田区一ツ橋2-5-10
　　　　電話　読者係 03-3230-6080
　　　　　　　販売部 03-3230-6393(書店専用)

印刷所　大日本印刷株式会社

製本所　ナショナル製本協同組合

定価はカバーに表示してあります。
本書の内容の一部または全部を無断で複写・複製することは法律で認められた場合を除き、
著作権の侵害となります。造本には十分注意しておりますが、
乱丁・落丁(本のページ順序の間違いや抜け落ち)の場合はお取り替えいたします。
購入された書店名を明記して、集英社読者係までお送りください。
送料は集英社負担でお取り替えいたします。ただし、古書店で購入したものについては
お取り替えできません。また、業者など、読者本人以外による本書のデジタル化は、
いかなる場合でも一切認められませんのでご注意ください。

© 2014 Mark Petersen. Printed in Japan. ISBN978-4-7976-7258-9 C0082